孩子可以比你想得更專心

我的注意力遊戲書

（第二版）

孟瑛如．簡吟文 著

這是 ＿＿＿＿＿＿＿＿＿＿＿＿＿＿＿＿＿ 的遊戲書

我從 ＿＿＿ 年 ＿＿＿ 月 ＿＿＿ 日開始玩這本書

作者簡介

孟瑛如

學歷：美國匹茲堡大學特殊教育博士
　　　　美國匹茲堡大學教育輔導碩士
現職：國立清華大學特殊教育學系教授兼特殊教育中心主任
專長：學習障礙、情緒行為障礙

簡吟文

學歷：國立彰化師範大學特殊教育學系博士候選人
　　　　國立新竹教育大學特殊教育碩士
現職：新竹市南寮國小教師
專長：學習障礙、情緒行為障礙

目次
CONTENTS

壹 認知歷程能力訓練教材

尋寶遊戲 1

下面有一堆水果，但有幾個水果長得和其他水果**不一樣**，請把它們圈起來。

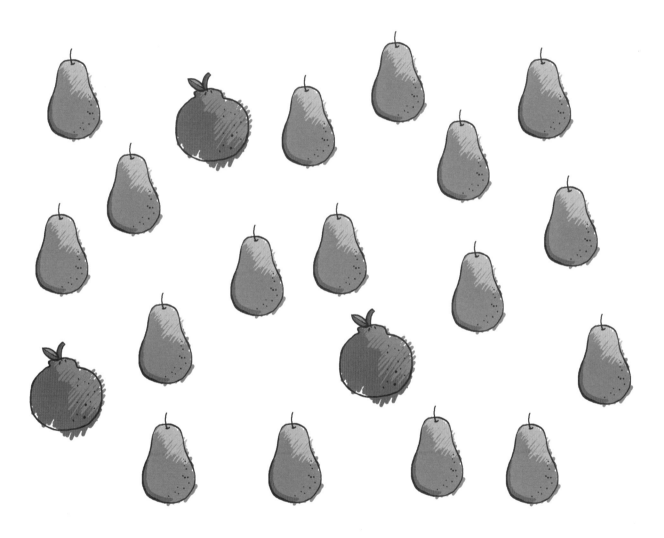

提示：
1. 請仔細看，哪幾個水果特別不一樣？
2. 找到了嗎？指出來看看。

自己的表現 ☺ ☺ ☹
觀察者評語 ☺ ☺ ☹

今天是　　月　　日，我玩了這個遊戲。

尋寶遊戲 2

下面有一堆水果，但有幾個水果長得和其他水果**不一樣**，請把它們圈起來。

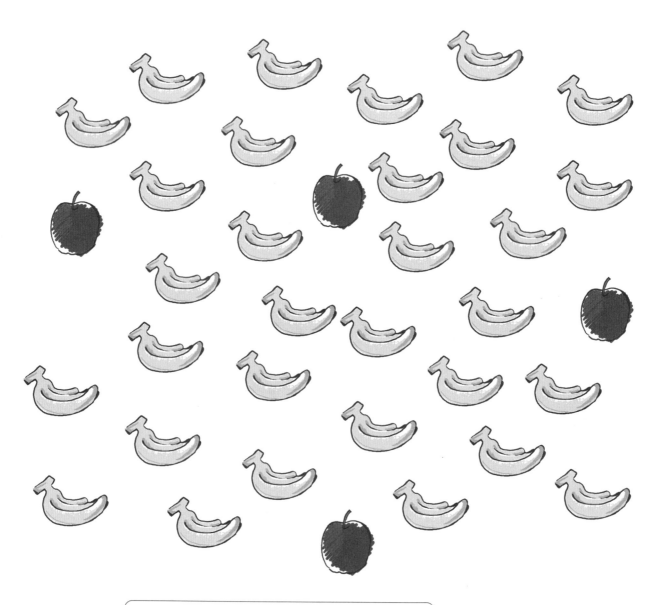

 提示：
1. 請仔細看，哪幾個水果特別不一樣？
2. 找到了嗎？指出來看看。

自己的表現 ☺ ☺ ☹
觀察者評語 ☺ ☺ ☹

圖畫選擇

尋寶遊戲 3

下面有一堆水果，但有幾個水果長得和其他水果**不一樣**，請把它們圈起來。

 提示：
1. 請仔細看，哪幾個水果特別不一樣？
2. 找到了嗎？指出來看看。

自己的表現 ☺ ☺ ☹
觀察者評語 ☺ ☺ ☹

今天是　　月　　日，我玩了這個遊戲。

尋寶遊戲 4

下面有一堆花，但有幾朵花長得和其他花**不一樣**，請把它們圈起來。

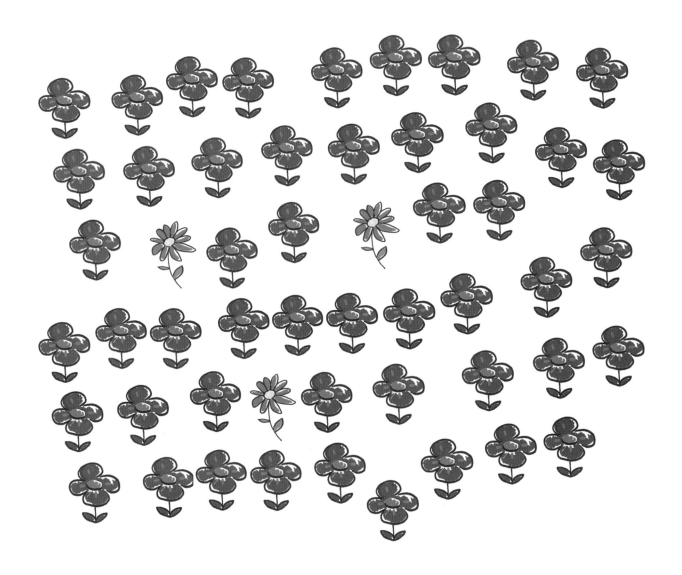

提示：
1. 請仔細看，哪幾朵花特別不一樣？
2. 找到了嗎？指出來看看。

自己的表現	☺	☺	☹
觀察者評語	☺	☺	☹

圖畫選擇

尋寶遊戲 5

下面有一堆蛋糕，但有幾個蛋糕長得和其他蛋糕**不一樣**，請把它們圈起來。

提示：
1. 請仔細看，哪幾個蛋糕特別不一樣？
2. 找到了嗎？指出來看看。

自己的表現 ☺ ☺ ☹
觀察者評語 ☺ ☺ ☹

今天是　　月　　日，我玩了這個遊戲。

尋寶遊戲 6

下面有一群雞，但有幾隻雞長得和其他雞**不一樣**，請把牠們圈起來。

提示：
1. 請仔細看，哪幾隻雞特別不一樣？
2. 找到了嗎？指出來看看。

自己的表現 ☺ ☹ ☹
觀察者評語 ☺ ☹ ☹

今天是　　月　　日，我玩了這個遊戲。

尋寶遊戲 7

下面有一堆車子，但有幾輛車子長得和其他車子**不一樣**，請把它們圈起來。

提示：
1. 請仔細看，哪幾輛車子特別不一樣？
2. 找到了嗎？指出來看看。

自己的表現 ☺ ☺ ☹
觀察者評語 ☺ ☺ ☹

今天是　　月　　日，我玩了這個遊戲。

尋寶遊戲 8

下面有一些小丑玩偶，但有幾個玩偶長得和其他玩偶**不一樣**，請把它們圈起來。

 提示：
1. 請仔細看，哪幾個玩偶特別不一樣？
2. 找到了嗎？指出來看看。

自己的表現	☺	☺	☹
觀察者評語	☺	☺	☹

尋寶遊戲 9

下面有一些哈巴狗，但有幾隻哈巴狗長得和其他哈巴狗**不一樣**，請把牠們圈起來。

提示：
1. 請仔細看，哪幾隻哈巴狗特別不一樣？
2. 找到了嗎？指出來看看。

自己的表現	☺	☺	☹
觀察者評語	☺	☺	☹

今天是　　月　　日，我玩了這個遊戲。

尋寶遊戲 10

下面有一些老虎玩偶，但有幾個玩偶長得和其他玩偶**不一樣**，請把它們圈起來。

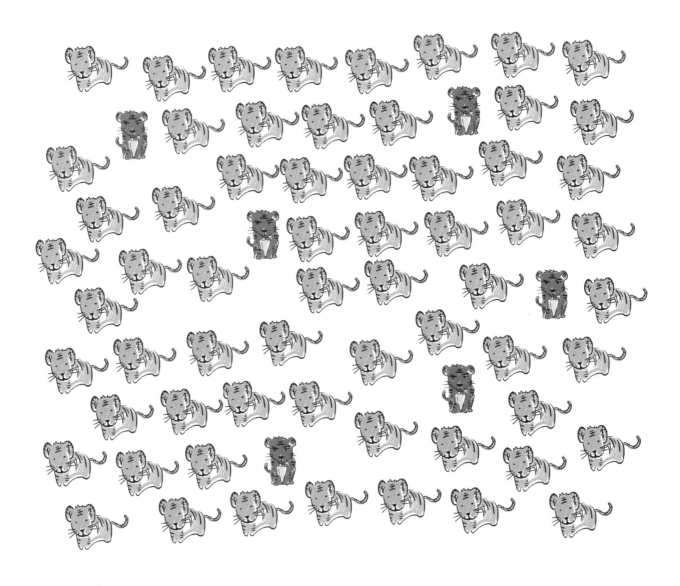

提示：
1. 請仔細看，哪幾個玩偶特別不一樣？
2. 找到了嗎？指出來看看。

自己的表現	☺	☺	☹
觀察者評語	☺	☺	☹

今天是　　月　　日，我玩了這個遊戲。

完成接續

描圖遊戲 1

請依照圖片中**箭頭**（→）的方向，將線段連起來。

提示：
1. 請沿著指示的箭頭（→）向前畫。
2. 將斷掉的線一一連起來。

自己的表現 ☺ ☺ ☹
觀察者評語 ☺ ☺ ☹

描圖遊戲 2

請依照圖片中的**箭頭**（→）的方向，將線段連起來。

提示：
1. 請沿著指示的箭頭（→）向前畫。
2. 將斷掉的線一一連起來。

自己的表現 ☺ ☺ ☹
觀察者評語 ☺ ☺ ☹

今天是　　月　　日，我玩了這個遊戲。

描圖遊戲 3

請依照圖片中的**箭頭**（→）的方向，將線段連起來。

提示：
1. 請沿著指示的箭頭（→）向前畫。
2. 將斷掉的線一一連起來。

自己的表現 ☺ ☺ ☹
觀察者評語 ☺ ☺ ☹

今天是　　月　　日，我玩了這個遊戲。

描圖遊戲 4

請依照圖片中的**箭頭**（→）的方向，將線段連起來。

提示：
1. 請沿著指示的箭頭（→）向前畫。
2. 將斷掉的線一一連起來。

自己的表現 ☺ ☺ ☹
觀察者評語 ☺ ☺ ☹

今天是　　月　　日，我玩了這個遊戲。

描圖遊戲 5

請依照圖片中的**箭頭**（→）的方向，將線段連起來。

完成接續

提示：
1. 請沿著指示的箭頭（→）向前畫。
2. 將斷掉的線一一連起來。

自己的表現 ☺ ☺ ☹
觀察者評語 ☺ ☺ ☹

今天是　　月　　日，我玩了這個遊戲。

描圖遊戲 6

請依照圖片中的**箭頭**（→）的方向，將線段連起來。

完成接續

提示：
1. 請沿著指示的箭頭（→）向前畫。
2. 將斷掉的線一一連起來。

自己的表現　☺　☺　☹
觀察者評語　☺　☺　☹

今天是　　月　　日，我玩了這個遊戲。

描圖遊戲 7

請依照圖片中的**箭頭**（→）的方向，將線段連起來。

完成接續

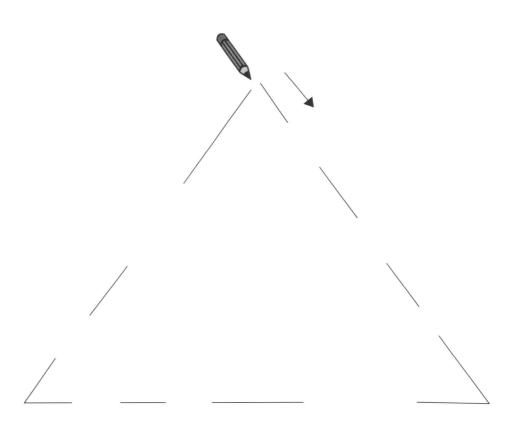

提示：
1. 請沿著指示的箭頭（→）向前畫。
2. 將斷掉的線一一連起來。

自己的表現 ☺ ☹ ☹
觀察者評語 ☺ ☹ ☹

今天是　　月　　日，我玩了這個遊戲。

完成接續

描圖遊戲 8

請依照圖片中的**箭頭**（→）的方向，將線段連起來。

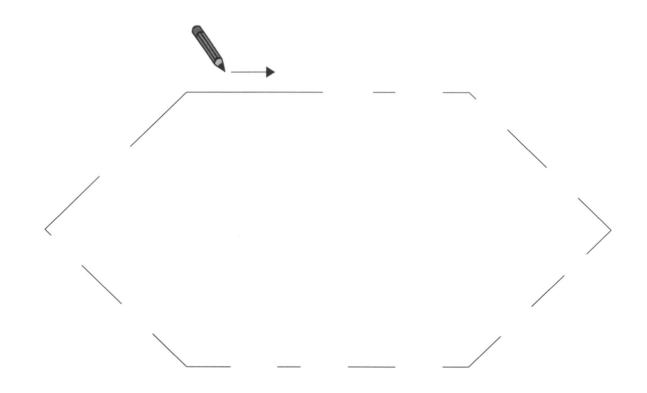

提示：
1. 請沿著指示的箭頭（→）向前畫。
2. 將斷掉的線一一連起來。

自己的表現　☺　☺　☹
觀察者評語　☺　☺　☹

今天是　　月　　日，我玩了這個遊戲。

描圖遊戲 9

請依照圖片中的**箭頭**（→）的方向，將線段連起來。

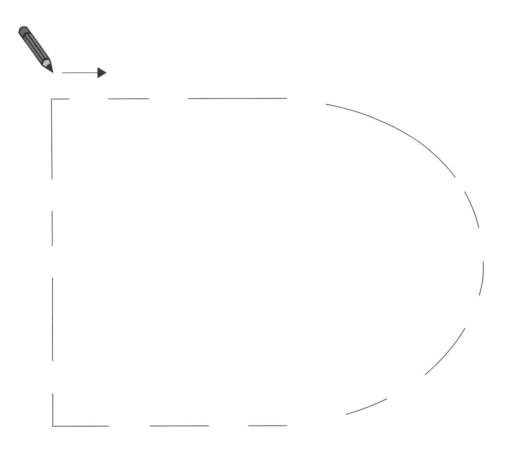

提示：
1. 請沿著指示的箭頭（→）向前畫。
2. 將斷掉的線一一連起來。

自己的表現	☺	☺	☹
觀察者評語	☺	☺	☹

今天是　　月　　日，我玩了這個遊戲。

描圖遊戲 10

請依照圖片中的**箭頭（→）**的方向，將線段連起來。

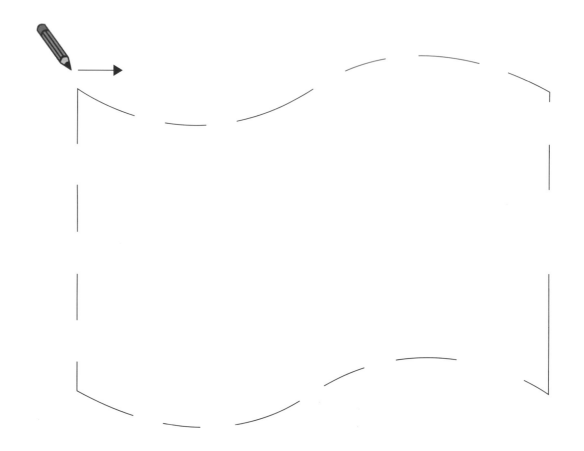

提示：
1. 請沿著指示的箭頭（→）向前畫。
2. 將斷掉的線一一連起來。

自己的表現 ☺ ☺ ☹
觀察者評語 ☺ ☺ ☹

今天是　　月　　日，我玩了這個遊戲。

幾何完成遊戲 1

請從**箭頭**（→）的方向開始，將虛線用**一筆畫**連起來。
記住：筆尖不要離開圖形上的虛線喔！

提示：
1. 請沿著指示的箭頭（→）向前畫。
2. 將虛線用一筆畫連起來，不要連歪。

自己的表現 ☺ ☺ ☹
觀察者評語 ☺ ☺ ☹

幾何完成

幾何完成遊戲 2

請從**箭頭**（→）的方向開始，將虛線用**一筆畫**連起來。

記住：筆尖不要離開圖形上的虛線喔！

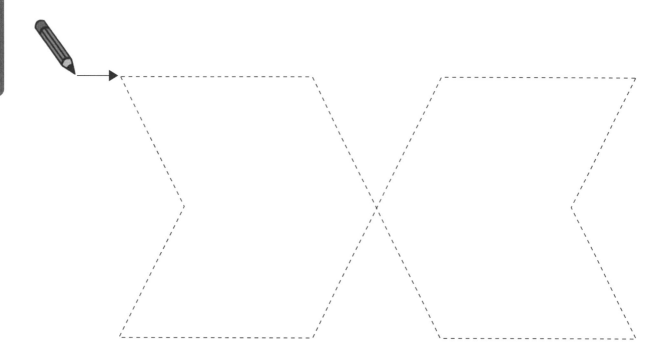

提示：

1. 請沿著指示的箭頭（→）向前畫。

2. 將虛線用一筆畫連起來，不要連歪。

自己的表現 ☺ ☺ ☹

觀察者評語 ☺ ☺ ☹

今天是　　月　　日，我玩了這個遊戲。

幾何完成遊戲 3

請從**箭頭**（→）的方向開始，將虛線用**一筆畫**連起來。

記住：筆尖不要離開圖形上的虛線喔！

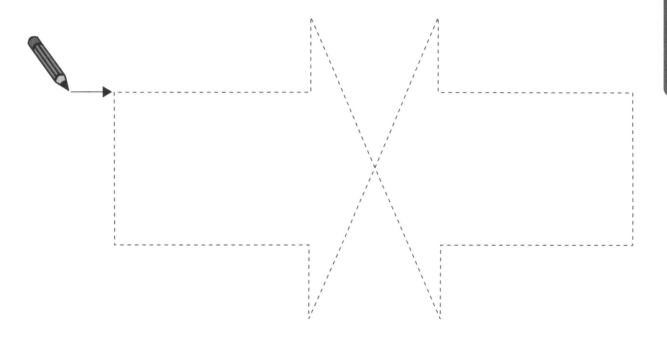

提示：

1. 請沿著指示的箭頭（→）向前畫。

2. 將虛線用一筆畫連起來，不要連歪。

自己的表現 ☺ ☺ ☹

觀察者評語 ☺ ☺ ☹

幾何完成遊戲 4

請從**箭頭**（→）的方向開始，將虛線用**一筆畫**連起來。

記住：筆尖不要離開圖形上的虛線喔！

幾何完成

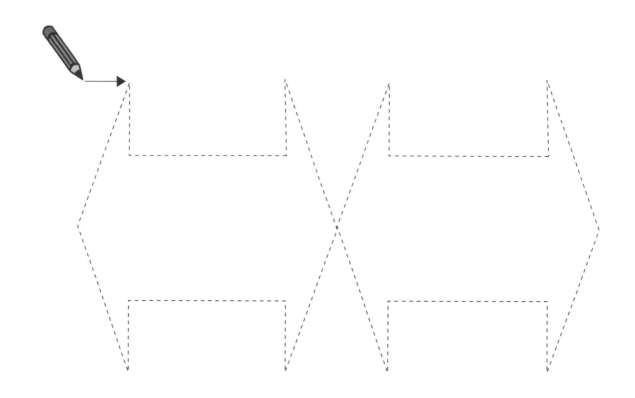

提示：

1. 請沿著指示的箭頭（→）向前畫。

2. 將虛線用一筆畫連起來，不要連歪。

自己的表現	☺	☹	☹
觀察者評語	☺	☹	☹

幾何完成遊戲 5

請從**箭頭（→）**的方向開始，將虛線用**一筆畫**連起來。

記住：筆尖不要離開圖形上的虛線喔！

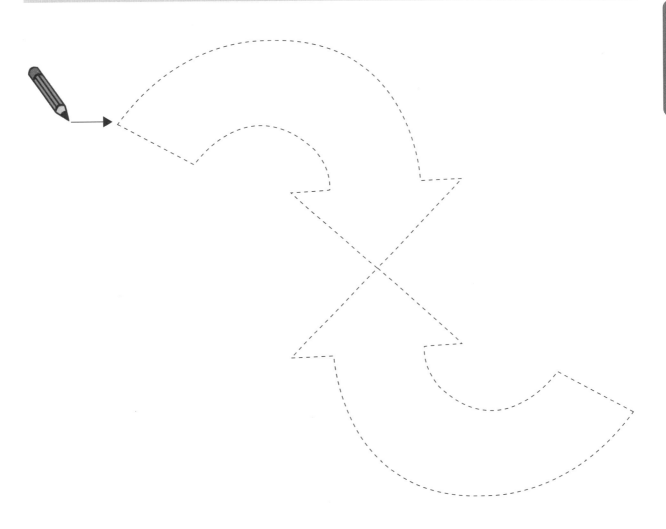

提示：

1. 請沿著指示的箭頭（→）向前畫。
2. 將虛線用一筆畫連起來，不要連歪。

自己的表現 ☺ 😐 ☹
觀察者評語 ☺ 😐 ☹

幾何完成

幾何完成遊戲 6

請從**箭頭**（→）的方向開始，將虛線用**一筆畫**連起來。
記住：筆尖不要離開圖形上的虛線喔！

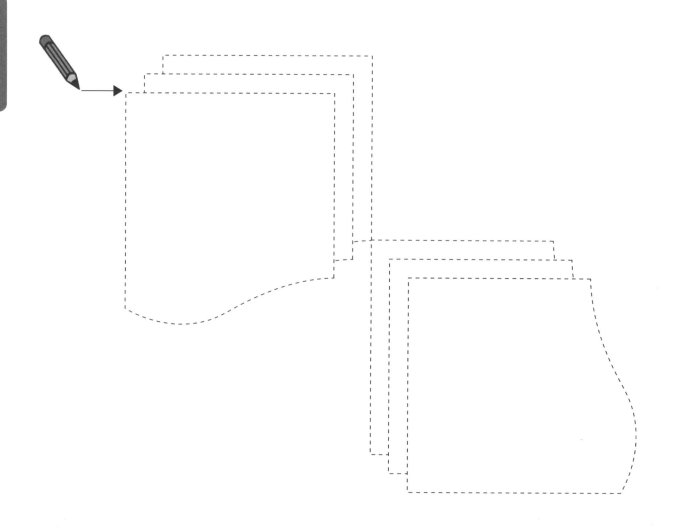

提示：
1. 請沿著指示的箭頭（→）向前畫。
2. 將虛線用一筆畫連起來，不要連歪。
3. 若發現無法一次畫完，也可回頭畫，
　 但筆尖不能離開虛線。

自己的表現	☺	☺	☹
觀察者評語	☺	☺	☹

幾何完成遊戲 7

請從**箭頭**（→）的方向開始，將虛線用**一筆畫**連起來。

記住：筆尖不要離開圖形上的虛線喔！

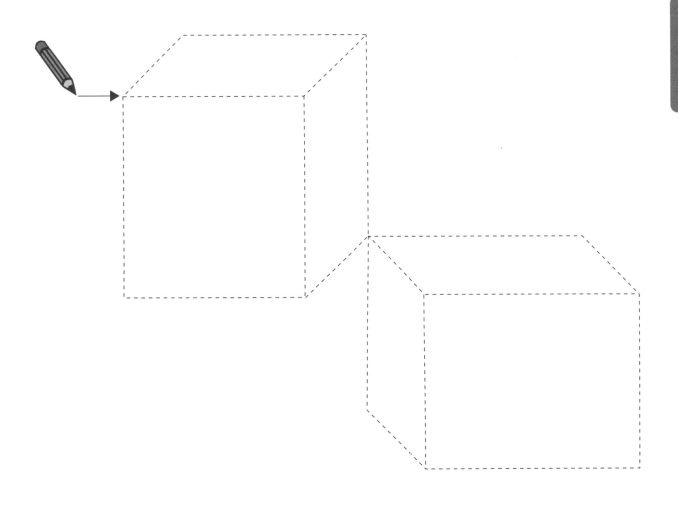

提示：

1. 請沿著指示的箭頭（→）向前畫。
2. 將虛線用一筆畫連起來，不要連歪。
3. 若發現無法一次畫完，也可回頭畫，但筆尖不能離開虛線。

自己的表現 ☺ ☹ ☹
觀察者評語 ☺ ☹ ☹

今天是　　月　　日，我玩了這個遊戲。

幾何完成遊戲 8

請從**箭頭**（→）的方向開始，將虛線用**一筆畫**連起來。
記住：筆尖不要離開圖形上的虛線喔！

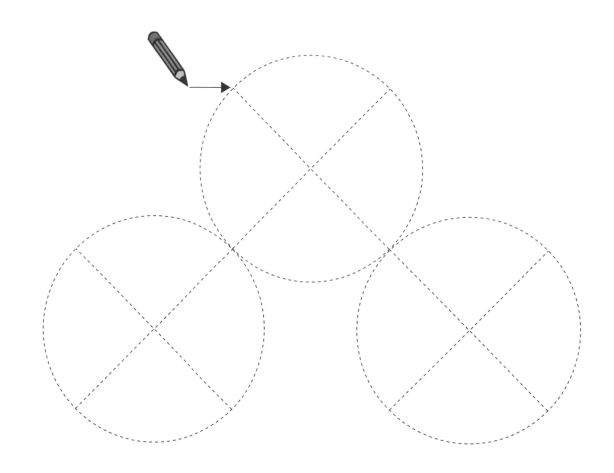

提示：
1. 請沿著指示的箭頭（→）向前畫。
2. 將虛線用一筆畫連起來，不要連歪。
3. 若發現無法一次畫完，也可回頭畫，
　 但筆尖不能離開虛線。

自己的表現 ☺ ☺ ☹
觀察者評語 ☺ ☺ ☹

幾何完成遊戲 9

請從**箭頭**（→）的方向開始，將虛線用**一筆畫**連起來。
記住：筆尖不要離開圖形上的虛線喔！

幾何完成

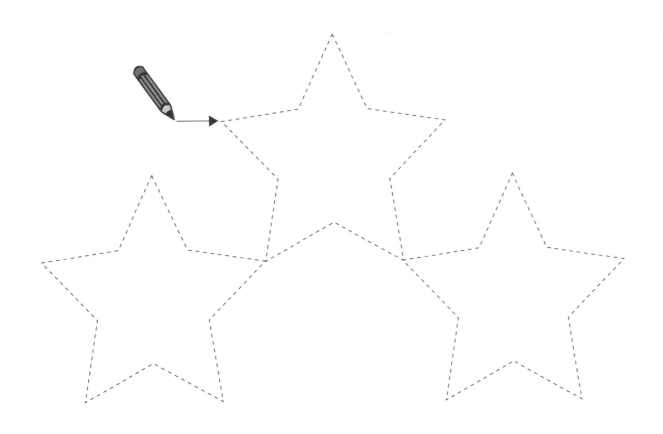

提示：
1. 請沿著指示的箭頭（→）向前畫。
2. 將虛線用一筆畫連起來，不要連歪。

自己的表現 ☺ ☺ ☹
觀察者評語 ☺ ☺ ☹

幾何完成遊戲 10

請從**箭頭（→）**的方向開始，將虛線用**一筆畫**連起來。

記住：筆尖不要離開圖形上的虛線喔！

幾何完成

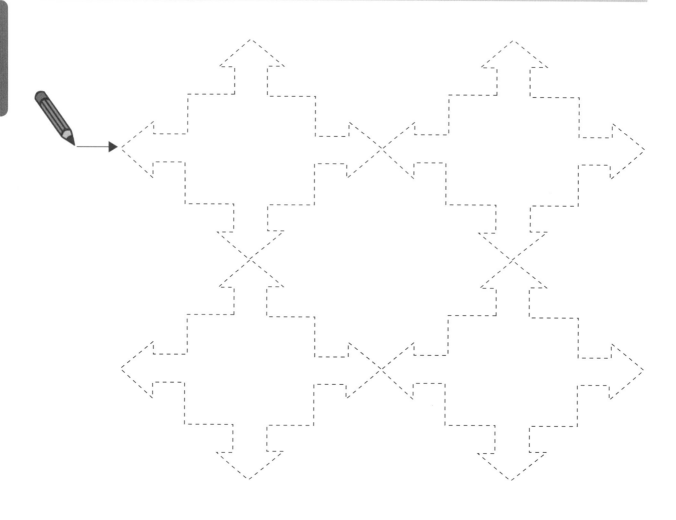

提示：

1. 請沿著指示的箭頭（→）向前畫。
2. 將虛線用一筆畫連起來，不要連歪。

自己的表現 ☺ ☺ ☹
觀察者評語 ☺ ☺ ☹

今天是　　月　　日，我玩了這個遊戲。

仿畫遊戲 **1**

請觀察題目的線段，在下面方格中畫出相同的線段。

題目

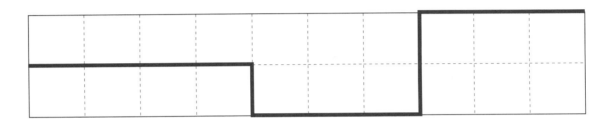

照著畫

🕐我花了〔　　　〕分〔　　　〕秒完成

提示：
1. 請仔細觀察題目的線段圖形。
2. 按照題目的樣子畫在方格中。
3. 檢查一下，是不是都畫對了。

自己的表現 ☺ ☺ ☹
觀察者評語 ☺ ☺ ☹

仿畫圖形

仿畫遊戲 2

請觀察題目的線段，在下面方格中畫出相同的線段。

題目

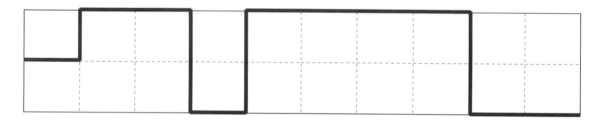

照著畫

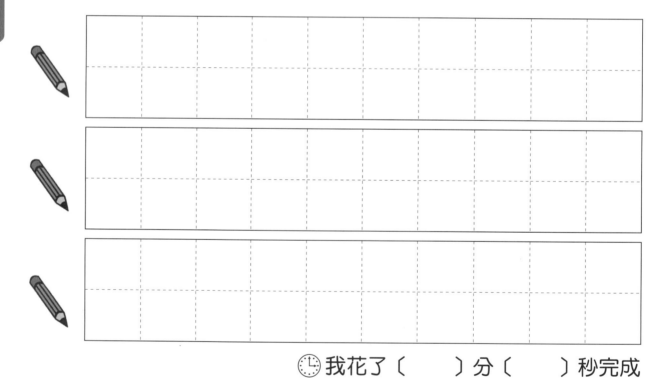

🕐 我花了〔　　　〕分〔　　　〕秒完成

提示：
1. 請仔細觀察題目的線段圖形。
2. 按照題目的樣子畫在方格中。
3. 檢查一下，是不是都畫對了。

自己的表現 ☺ ☺ ☹
觀察者評語 ☺ ☺ ☹

今天是　　月　　日，我玩了這個遊戲。

仿畫遊戲 3

請觀察題目的線段，在下面方格中畫出相同的線段。

題目

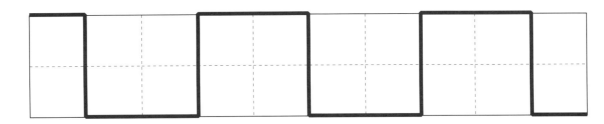

照著畫

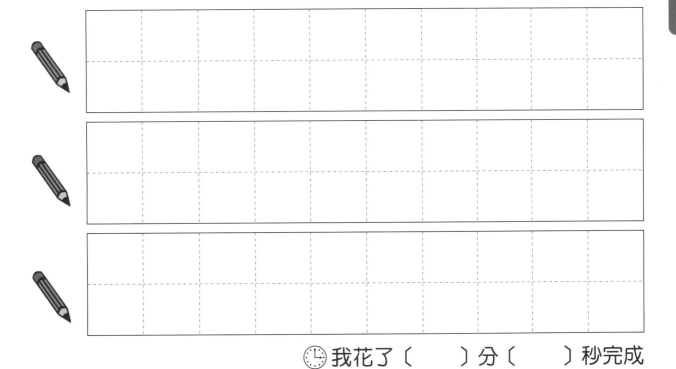

仿畫圖形

🕐 我花了〔　　　〕分〔　　　〕秒完成

提示：
1. 請仔細觀察題目的線段圖形。
2. 按照題目的樣子畫在方格中。
3. 檢查一下，是不是都畫對了。

自己的表現 ☺ ☺ ☹
觀察者評語 ☺ ☺ ☹

今天是　　月　　日，我玩了這個遊戲。

仿畫遊戲 4

請觀察題目的線段，在下面方格中畫出相同的線段。

仿畫圖形

題目

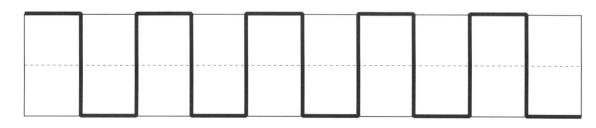

照著畫

🕐我花了〔　　〕分〔　　〕秒完成

提示：
1. 請仔細觀察題目的線段圖形。
2. 按照題目的樣子畫在方格中。
3. 檢查一下，是不是都畫對了。

自己的表現 ☺ ☺ ☹
觀察者評語 ☺ ☺ ☹

今天是　　月　　日，我玩了這個遊戲。

仿畫遊戲 5

請觀察題目的線段，在下面方格中畫出相同的線段。

題目

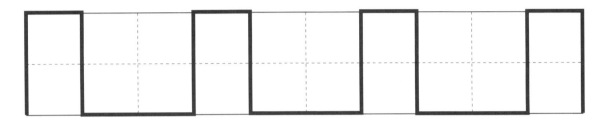

照著畫

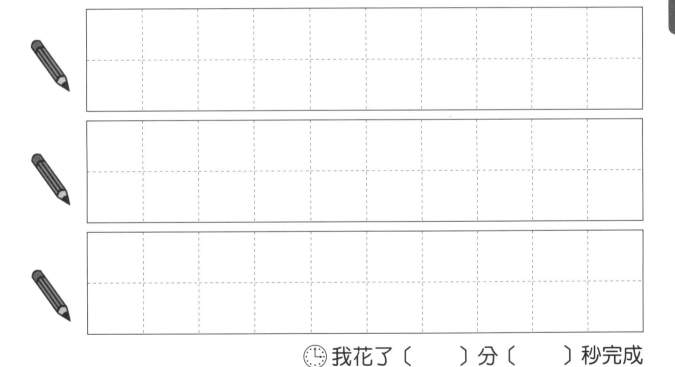

🕐 我花了〔　　　〕分〔　　　〕秒完成

提示：
1. 請仔細觀察題目的線段圖形。
2. 按照題目的樣子畫在方格中。
3. 檢查一下，是不是都畫對了。

自己的表現 ☺ ☺ ☺
觀察者評語 ☺ ☺ ☺

今天是　　月　　日，我玩了這個遊戲。

仿畫遊戲 6

請觀察題目的線段，在下面方格中畫出相同的線段。

題目

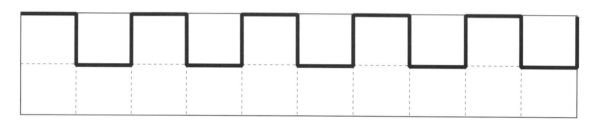

仿畫圖形

照著畫

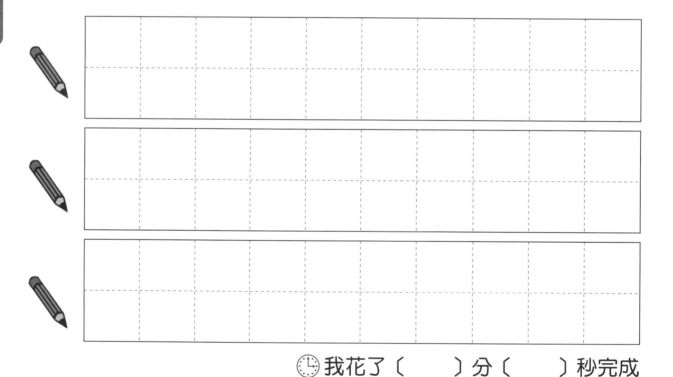

⏱我花了〔　　　〕分〔　　　〕秒完成

提示：
1.請仔細觀察題目的線段圖形。
2.按照題目的樣子畫在方格中。
3.檢查一下，是不是都畫對了。

自己的表現 ☺ ☺ ☹
觀察者評語 ☺ ☺ ☹

仿畫遊戲 7

請觀察題目的線段，在下面方格中畫出相同的線段。

題目

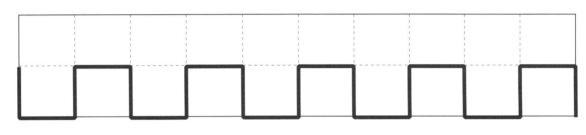

照著畫

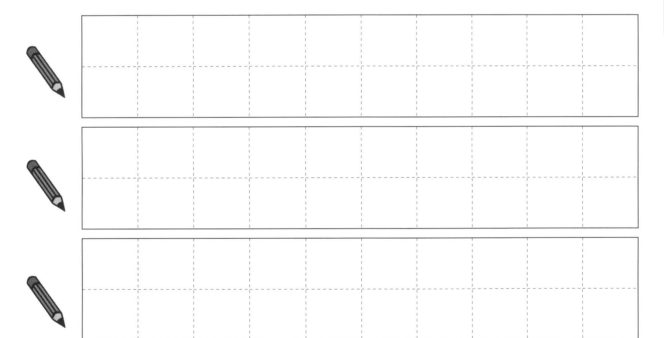

🕐 我花了〔　　　〕分〔　　　〕秒完成

仿畫圖形

提示：
1. 請仔細觀察題目的線段圖形。
2. 按照題目的樣子畫在方格中。
3. 檢查一下，是不是都畫對了。

自己的表現 ☺ ☺ ☹
觀察者評語 ☺ ☺ ☹

仿畫圖形

仿畫遊戲 **8**

請觀察題目的線段，在下面方格中畫出相同的線段。

題目

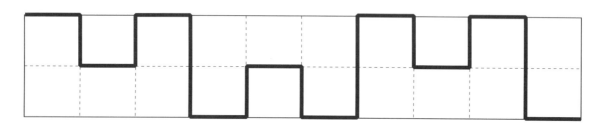

照著畫

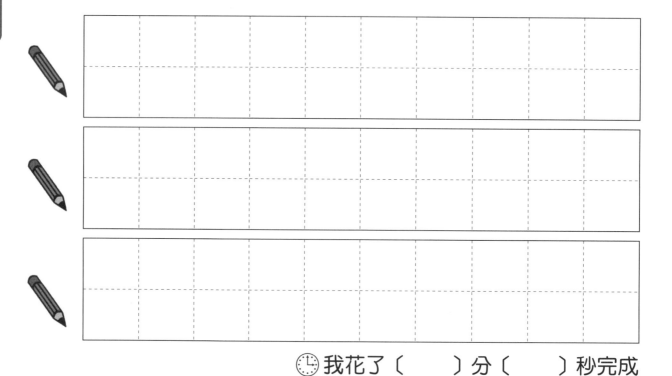

🕐 我花了〔　　　〕分〔　　　〕秒完成

提示：
1. 請仔細觀察題目的線段圖形。
2. 按照題目的樣子畫在方格中。
3. 檢查一下，是不是都畫對了。

自己的表現 ☺ ☺ ☹
觀察者評語 ☺ ☺ ☹

今天是　　月　　日，我玩了這個遊戲。

仿畫遊戲 9

請觀察題目的線段，在下面方格中畫出相同的線段。

題目

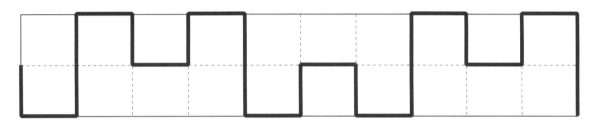

照著畫

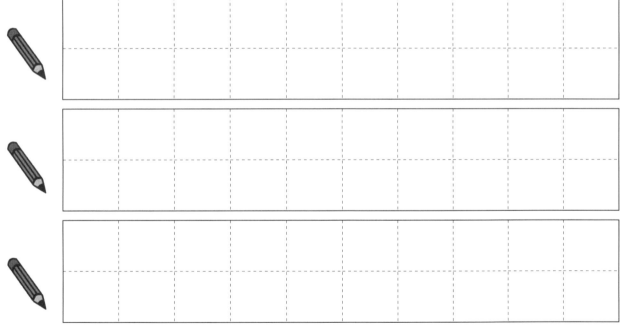

🕐 我花了〔　　〕分〔　　〕秒完成

提示：
1. 請仔細觀察題目的線段圖形。
2. 按照題目的樣子畫在方格中。
3. 檢查一下，是不是都畫對了。

自己的表現 ☺ ☹ ☹
觀察者評語 ☺ ☹ ☹

今天是　　月　　日，我玩了這個遊戲。

仿畫遊戲 10

請觀察題目的線段，在下面方格中畫出相同的線段。

題目

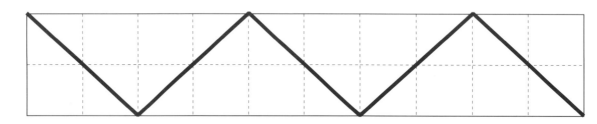

照著畫

🕐 我花了〔　　〕分〔　　〕秒完成

提示：
1. 請仔細觀察題目的線段圖形。
2. 按照題目的樣子畫在方格中。
3. 檢查一下，是不是都畫對了。

自己的表現 ☺ ☺ ☹
觀察者評語 ☺ ☺ ☹

今天是　　月　　日，我玩了這個遊戲。

仿畫遊戲 11

請觀察題目的線段，在下面方格中畫出相同的線段。

題目

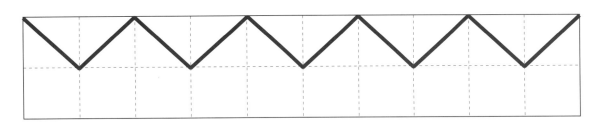

照著畫

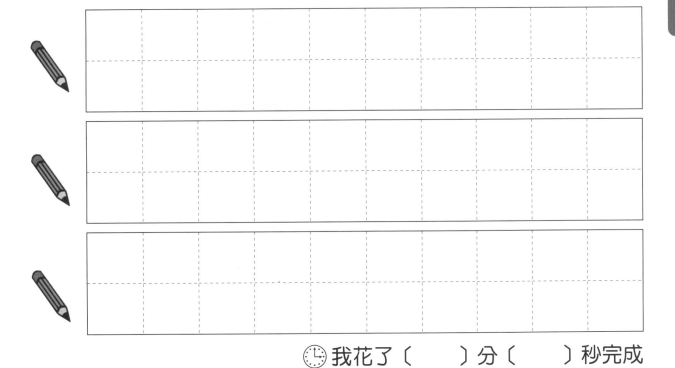

我花了〔　　　〕分〔　　　〕秒完成

提示：
1. 請仔細觀察題目的線段圖形。
2. 按照題目的樣子畫在方格中。
3. 檢查一下，是不是都畫對了。

自己的表現 ☺ ☻ ☹
觀察者評語 ☺ ☻ ☹

今天是　　月　　日，我玩了這個遊戲。

仿畫遊戲 12

請觀察題目的線段，在下面方格中畫出相同的線段。

題目

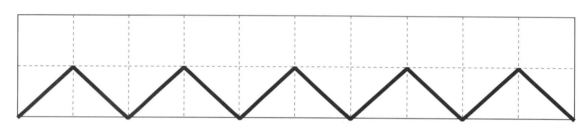

照著畫

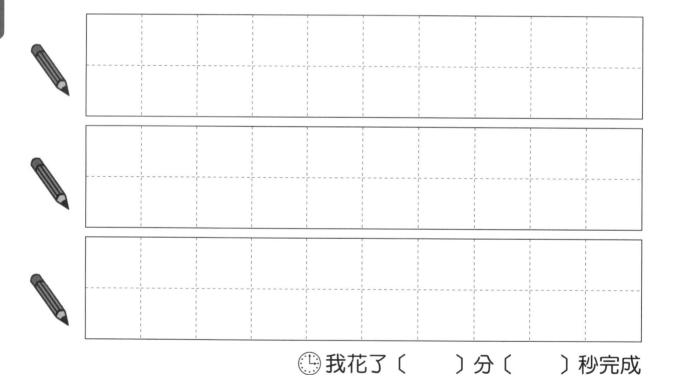

🕐 我花了〔　　　〕分〔　　　〕秒完成

提示：
1. 請仔細觀察題目的線段圖形。
2. 按照題目的樣子畫在方格中。
3. 檢查一下，是不是都畫對了。

自己的表現 ☺ 😐 ☹
觀察者評語 ☺ 😐 ☹

仿畫圖形

今天是　　月　　日，我玩了這個遊戲。

仿畫遊戲 13

請觀察題目的線段，在下面方格中畫出相同的線段。

題目

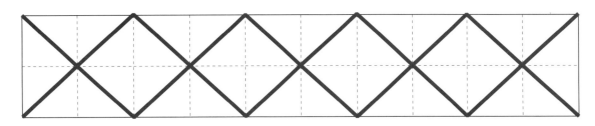

照著畫

🕐 我花了〔　　　〕分〔　　　〕秒完成

提示：
1. 請仔細觀察題目的線段圖形。
2. 按照題目的樣子畫在方格中。
3. 檢查一下，是不是都畫對了。

自己的表現 ☺ ☺ ☹
觀察者評語 ☺ ☺ ☹

仿畫遊戲 14

請觀察題目的線段，在下面方格中畫出相同的線段。

題目

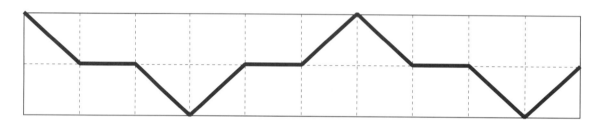

仿畫圖形

照著畫

🕐 我花了〔　　〕分〔　　〕秒完成

提示：
1. 請仔細觀察題目的線段圖形。
2. 按照題目的樣子畫在方格中。
3. 檢查一下，是不是都畫對了。

自己的表現 ☺ ☺ ☹
觀察者評語 ☺ ☺ ☹

今天是　　月　　日，我玩了這個遊戲。

仿畫遊戲 15

請觀察題目的線段，在下面方格中畫出相同的線段。

題目

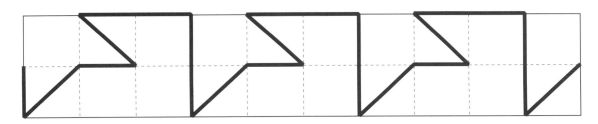

照著畫

🕐 我花了〔　　　〕分〔　　　〕秒完成

提示：
1. 請仔細觀察題目的線段圖形。
2. 按照題目的樣子畫在方格中。
3. 檢查一下，是不是都畫對了。

自己的表現 ☺ ☺ ☹
觀察者評語 ☺ ☺ ☹

仿畫遊戲 16

請觀察題目的線段，在下面方格中畫出相同的線段。

題目

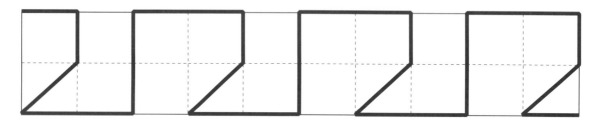

照著畫

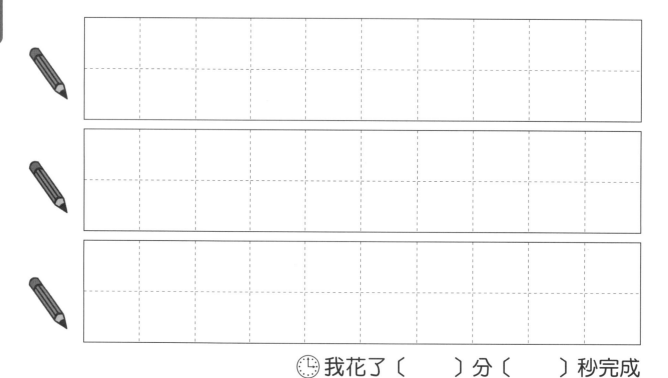

 我花了〔　　〕分〔　　〕秒完成

提示：
1. 請仔細觀察題目的線段圖形。
2. 按照題目的樣子畫在方格中。
3. 檢查一下，是不是都畫對了。

自己的表現 ☺ ☺ ☹
觀察者評語 ☺ ☺ ☹

仿畫圖形

迷宮遊戲 1

小兔子肚子餓了，請幫牠找出**最快**的路，順利找到胡蘿蔔。
記得要從**箭頭**（↓）的地方出發喔！

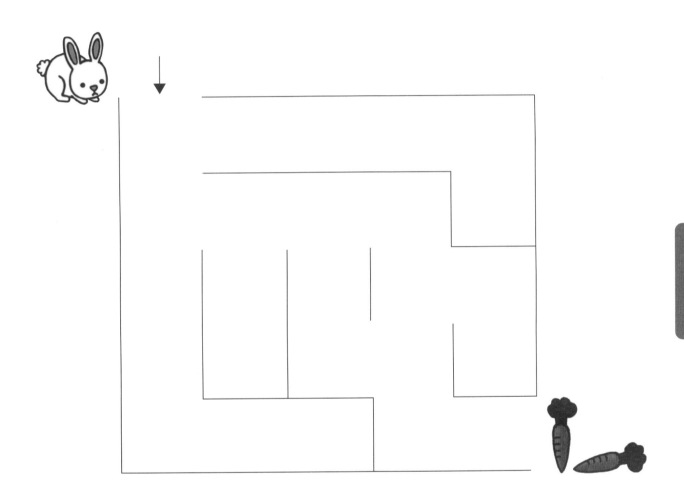

迷宮路徑

提示：
1. 遇到死巷表示走錯了，快回頭！
2. 記得順著路徑走，不可以穿牆。

自己的表現 ☺ ☺ ☹
觀察者評語 ☺ ☺ ☹

今天是 月 日，我玩了這個遊戲。

迷宮遊戲 2

小兔子肚子餓了，請幫牠找到**最快**的路，順利找到胡蘿蔔。
記得要從**箭頭**（↓）的地方出發喔！

 提示：
1. 遇到死巷表示走錯了，快回頭！
2. 記得順著路徑走，不可以穿牆。

自己的表現 ☺ ☺ ☹
觀察者評語 ☺ ☺ ☹

迷宮路徑

迷宮遊戲 3

小兔子肚子餓了，請幫牠找到**最快**的路，順利找到胡蘿蔔。
記得要從**箭頭**（→）的地方出發喔！

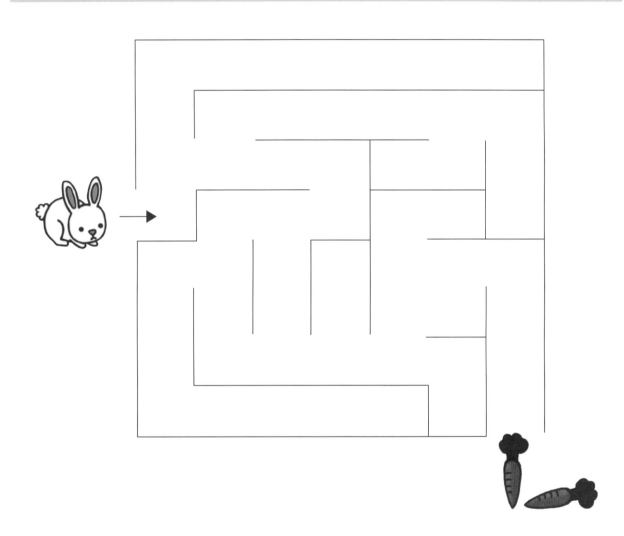

迷宮路徑

提示：
1. 遇到死巷表示走錯了，快回頭！
2. 記得順著路徑走，不可以穿牆。

自己的表現 ☺ ☺ ☹
觀察者評語 ☺ ☺ ☹

迷宮遊戲 4

小兔子肚子餓了，請幫牠找到**最快**的路，順利找到胡蘿蔔。
記得要從**箭頭**（→）的地方出發喔！

迷宮路徑

提示：
1. 遇到死巷表示走錯了，快回頭！
2. 記得順著路徑走，不可以穿牆。

| 自己的表現 | ☺ | ☺ | ☹ |
| 觀察者評語 | ☺ | ☺ | ☹ |

今天是　　月　　日，我玩了這個遊戲。

迷宮遊戲 5

小兔子肚子餓了，請幫牠找到**最快**的路，順利找到胡蘿蔔。
記得要從**箭頭**（←）的地方出發喔！

迷宮路徑

 提示：
1. 遇到死巷表示走錯了，快回頭！
2. 記得順著路徑走，不可以穿牆。

自己的表現 ☺ ☺ ☹
觀察者評語 ☺ ☺ ☹

迷宮遊戲 6

小兔子肚子餓了，請幫牠找到**最快**的路，順利找到胡蘿蔔。
記得要從**箭頭**（↓）的地方出發喔！

迷宮路徑

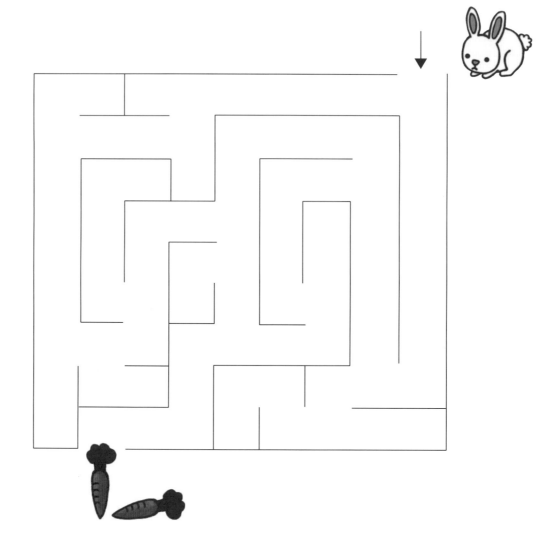

提示：
1. 遇到死巷表示走錯了，快回頭！
2. 記得順著路徑走，不可以穿牆。

自己的表現 ☺ ☺ ☹
觀察者評語 ☺ ☺ ☹

今天是　　月　　日，我玩了這個遊戲。

迷宮遊戲 7

小兔子肚子餓了，請幫牠找到**最快**的路，順利找到胡蘿蔔。
記得要從**箭頭**（↓）的地方出發喔！

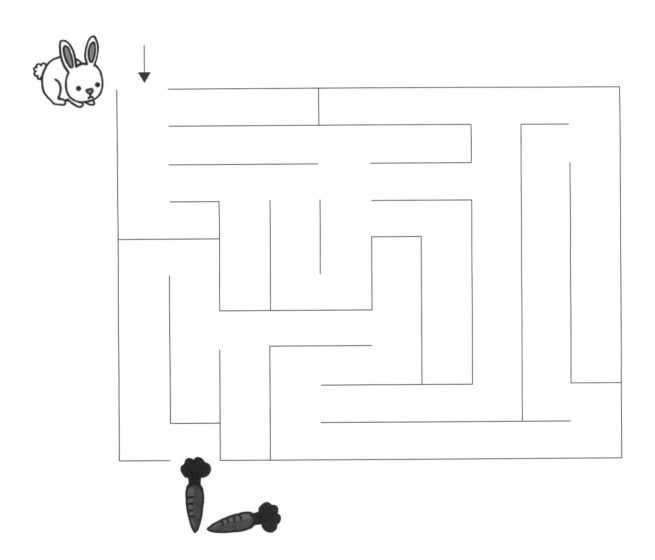

提示：
1. 遇到死巷表示走錯了，快回頭！
2. 記得順著路徑走，不可以穿牆。

| 自己的表現 | ☺ | ☺ | ☹ |
| 觀察者評語 | ☺ | ☺ | ☹ |

今天是　　月　　日，我玩了這個遊戲。

迷宮遊戲 8

小兔子肚子餓了，請幫牠找到**最快**的路，順利找到胡蘿蔔。
記得要從**箭頭**（→）的地方出發喔！

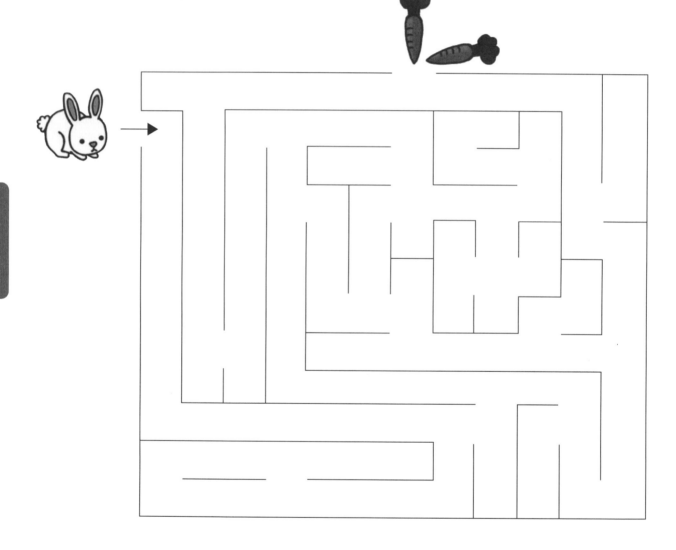

提示：

1. 遇到死巷表示走錯了，快回頭！
2. 記得順著路徑走，不可以穿牆。

自己的表現 ☺ ☺ ☹
觀察者評語 ☺ ☺ ☹

今天是　　月　　日，我玩了這個遊戲。

迷宮遊戲 9

小兔子肚子餓了，請幫牠找到**最快**的路，順利找到胡蘿蔔。
記得要從**箭頭**（←）的地方出發喔！

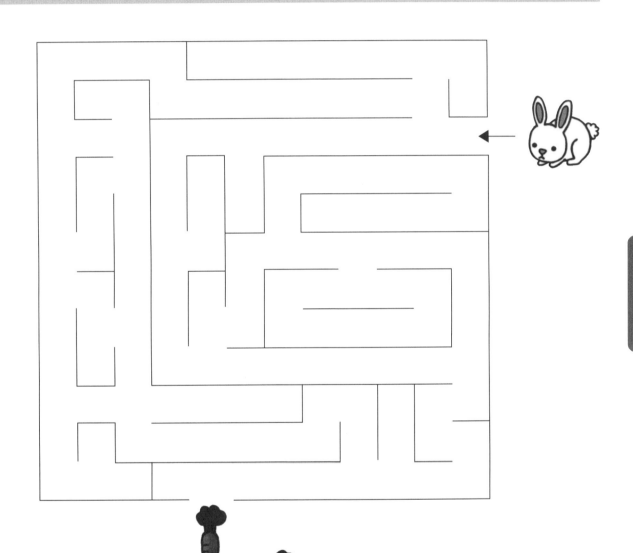

迷宮路徑

提示：
1. 遇到死巷表示走錯了，快回頭！
2. 記得順著路徑走，不可以穿牆。

自己的表現	☺	☺	☹
觀察者評語	☺	☺	☹

迷宮遊戲 10

小兔子肚子餓了，請幫牠找到**最快**的路，順利找到胡蘿蔔。
記得要從**箭頭**（→）的地方出發喔！

迷宮路徑

提示：

1. 遇到死巷表示走錯了，快回頭！
2. 記得順著路徑走，不可以穿牆。

自己的表現 ☺ ☺ ☹
觀察者評語 ☺ ☺ ☹

尋找密碼遊戲 1

請根據提示的密碼，在題目中**找出相同**的符號，並將它圈起來。

密碼：✝

題目

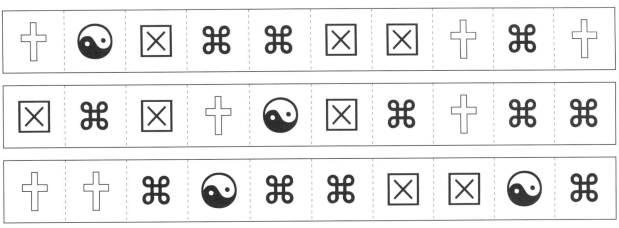

🕐我花了〔　　　〕分〔　　　〕秒完成

提示：
1.先找出密碼是什麼。
2.從題目中逐一仔細的觀察。
3.再檢查一次，是否都圈對了。

自己的表現 ☺ ☺ ☹
觀察者評語 ☺ ☺ ☹

搜尋符號

尋找密碼遊戲 2

請根據提示的密碼，在題目中**找出相同**的符號，並將它圈起來。

密碼：

題目

| ✝ | ☯ | ⊠ | ⌘ | ⌘ | ⊠ | ⊠ | ✝ | ⌘ | ✝ |

| ⊠ | ⌘ | ⊠ | ✝ | ☯ | ⊠ | ⌘ | ✝ | ⌘ | ⌘ |

| ✝ | ✝ | ⌘ | ☯ | ⌘ | ⌘ | ⊠ | ⊠ | ☯ | ⌘ |

🕐 我花了〔　　　〕分〔　　　〕秒完成

提示：
1. 先找出密碼是什麼。
2. 從題目中逐一仔細的觀察。
3. 再檢查一次，是否都圈對了。

自己的表現 ☺ ☺ ☹
觀察者評語 ☺ ☺ ☹

搜尋符號

今天是 ⬜ 月 ⬜ 日，我玩了這個遊戲。

尋找密碼遊戲 3

請根據提示的密碼，在題目中**找出相同**的符號，並將它圈起來。

密碼：☑

題目

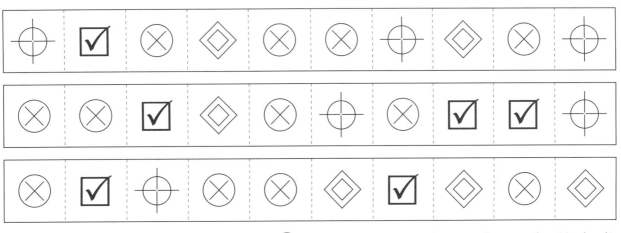

🕐 我花了〔　　　〕分〔　　　〕秒完成

提示：
1. 先找出密碼是什麼。
2. 從題目中逐一仔細的觀察。
3. 再檢查一次，是否都圈對了。

自己的表現	☺	☹	☹
觀察者評語	☺	☹	☹

尋找密碼遊戲 4

請根據提示的密碼，在題目中**找出相同**的符號，並將它圈起來。

密碼：

題目

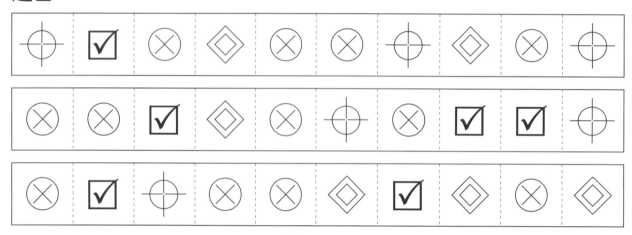

🕐我花了〔　　　〕分〔　　　〕秒完成

提示：
1. 先找出密碼是什麼。
2. 從題目中逐一仔細的觀察。
3. 再檢查一次，是否都圈對了。

自己的表現　☺　☺　☹
觀察者評語　☺　☺　☹

搜尋符號

今天是　　月　　日，我玩了這個遊戲。

尋找密碼遊戲 5

請根據提示的密碼，在題目中**找出相同**的符號，並將它圈起來。

密碼：＊ ＊

題目

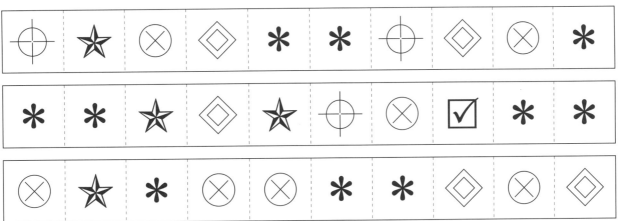

🕐我花了〔　　　〕分〔　　　〕秒完成

提示：
1. 先找出密碼是什麼。
2. 從題目中逐一仔細的觀察。
3. 再檢查一次，是否都圈對了。

自己的表現 ☺ ☺ ☹
觀察者評語 ☺ ☺ ☹

搜尋符號

尋找密碼遊戲 6

請根據提示的密碼，在題目中**找出相同**的符號，並將它圈起來。

密碼：

題目

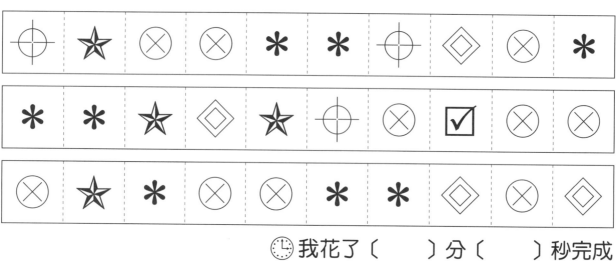

🕐 我花了〔　　　〕分〔　　　〕秒完成

提示：
1. 先找出密碼是什麼。
2. 從題目中逐一仔細的觀察。
3. 再檢查一次，是否都圈對了。

自己的表現 ☺ ☺ ☹
觀察者評語 ☺ ☺ ☹

搜尋符號

今天是　　月　　日，我玩了這個遊戲。

尋找密碼遊戲 7

請根據提示的密碼，在題目中**找出相同**的符號，並將它圈起來。

密碼：

題目

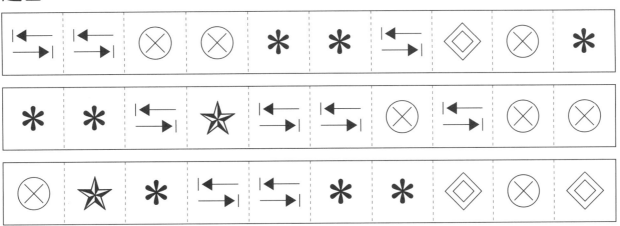

🕐我花了〔　　〕分〔　　〕秒完成

提示：
1.先找出密碼是什麼。
2.從題目中逐一仔細的觀察。
3.再檢查一次，是否都圈對了。

自己的表現 ☺ ☺ ☹
觀察者評語 ☺ ☺ ☹

搜尋符號

尋找密碼遊戲 8

請根據提示的密碼，在題目中**找出相同**的符號，並將它圈起來。

密碼：

題目

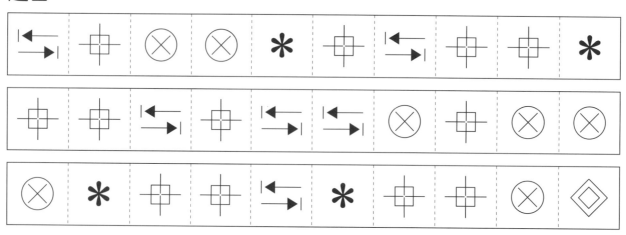

🕐 我花了〔　　〕分〔　　〕秒完成

提示：
1. 先找出密碼是什麼。
2. 從題目中逐一仔細的觀察。
3. 再檢查一次，是否都圈對了。

自己的表現 ☺ ☺ ☹
觀察者評語 ☺ ☺ ☹

搜尋符號

今天是　　月　　日，我玩了這個遊戲。

尋找密碼遊戲 9

請根據提示的密碼，在題目中**找出相同**的符號，並將它圈起來。

密碼：☺ ☺

題目

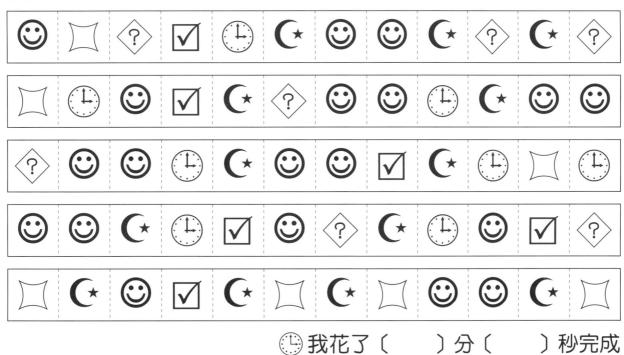

🕐 我花了〔　　　〕分〔　　　〕秒完成

提示：
1. 先找出密碼是什麼。
2. 從題目中逐一仔細的觀察。
3. 再檢查一次，是否都圈對了。

自己的表現 ☺ ☺ ☹
觀察者評語 ☺ ☺ ☹

搜尋符號

尋找密碼遊戲 10

請根據提示的密碼，在題目中**找出相同**的符號，並將它圈起來。

密碼：🕐 🕐

題目

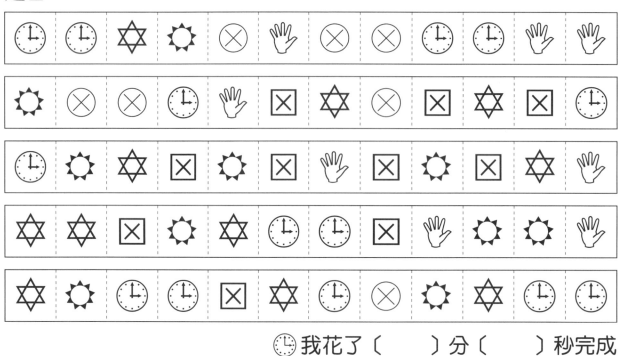

🕐我花了〔　　　〕分〔　　　〕秒完成

提示：
1. 先找出密碼是什麼。
2. 從題目中逐一仔細的觀察。
3. 再檢查一次，是否都圈對了。

自己的表現 ☺ ☺ ☹
觀察者評語 ☺ ☺ ☹

搜尋符號

今天是　　月　　日，我玩了這個遊戲。

尋找密碼遊戲 11

請根據提示的密碼，在題目中**找出相同**的符號，並將它圈起來。

密碼：⊗ 🖐

題目

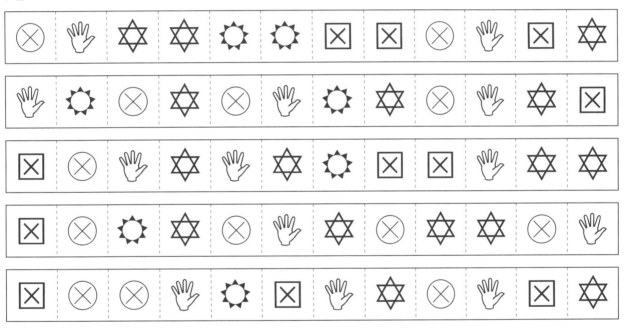

🕐我花了〔　　　〕分〔　　　〕秒完成

搜尋符號

提示：
1. 先找出密碼是什麼。
2. 從題目中逐一仔細的觀察。
3. 再檢查一次，是否都圈對了。

自己的表現 ☺ ☺ ☹
觀察者評語 ☺ ☺ ☹

尋找密碼遊戲 12

請根據提示的密碼，在題目中**找出相同**的符號，並將它圈起來。

密碼：

題目

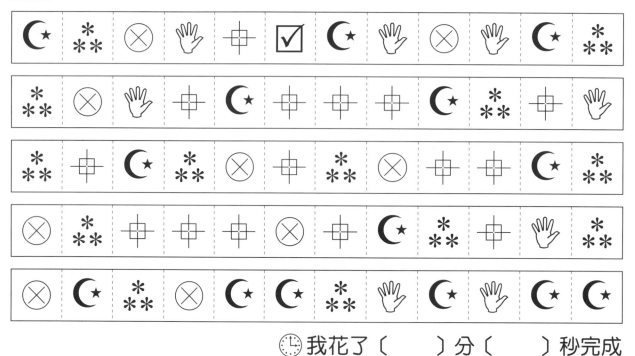

🕐我花了〔　　　〕分〔　　　〕秒完成

提示：
1.先找出密碼是什麼。
2.從題目中逐一仔細的觀察。
3.再檢查一次，是否都圈對了。

自己的表現 ☺ 😐 ☹
觀察者評語 ☺ 😐 ☹

搜尋符號

070

尋找密碼遊戲 13

請根據提示的密碼，在題目中**找出相同**的符號，並將它圈起來。

密碼：✕　✕　✕

題目

🕐我花了〔　　〕分〔　　〕秒完成

搜尋符號

提示：
1. 先找出密碼是什麼。
2. 從題目中逐一仔細的觀察。
3. 再檢查一次，是否都圈對了。

| 自己的表現 | ☺ | ☺ | ☹ |
| 觀察者評語 | ☺ | ☺ | ☹ |

尋找密碼遊戲 14

請根據提示的密碼，在題目中**找出相同**的符號，並將它圈起來。

密碼：◈　◈　◈

題目

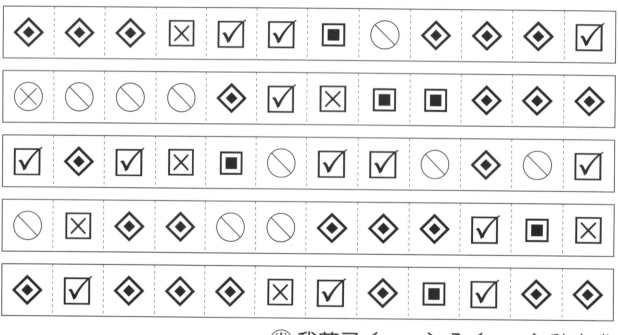

🕐 我花了〔　　　〕分〔　　　〕秒完成

提示：
1. 先找出密碼是什麼。
2. 從題目中逐一仔細的觀察。
3. 再檢查一次，是否都圈對了。

自己的表現 ☺ ☹ ☹
觀察者評語 ☺ ☹ ☹

搜尋符號

尋找密碼遊戲 15

請根據提示的密碼，在題目中**找出相同**的符號，並將它圈起來。

密碼：

題目

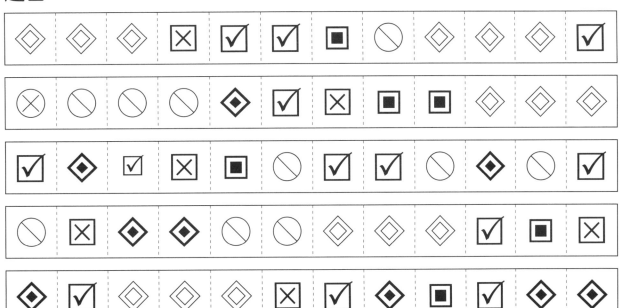

 我花了〔　　　〕分〔　　　〕秒完成

搜尋符號

提示：
1. 先找出密碼是什麼。
2. 從題目中逐一仔細的觀察。
3. 再檢查一次，是否都圈對了。

自己的表現 ☺ ☺ ☹
觀察者評語 ☺ ☺ ☹

今天是　　月　　日，我玩了這個遊戲。

尋找密碼遊戲 16

請根據提示的密碼，在題目中**找出相同**的符號，並將它圈起來。

密碼：✗ ✗ ✗

題目

🕐 我花了〔　　　〕分〔　　　〕秒完成

提示：
1. 先找出密碼是什麼。
2. 從題目中逐一仔細的觀察。
3. 再檢查一次，是否都圈對了。

自己的表現 ☺ ☺ ☹
觀察者評語 ☺ ☺ ☹

尋找密碼遊戲 17

請根據提示的密碼，在題目中**找出相同**的符號，並將它圈起來。

密碼：

題目

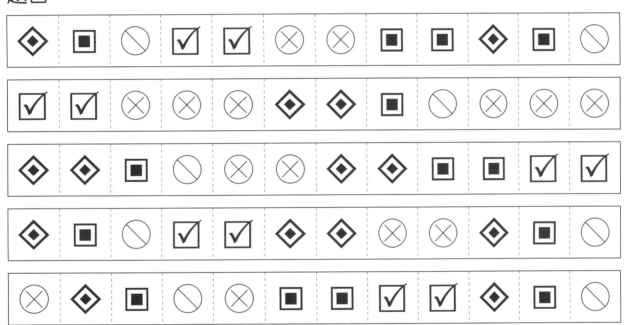

🕐我花了〔　　　〕分〔　　　〕秒完成

搜尋符號

提示：
1. 先找出密碼是什麼。
2. 從題目中逐一仔細的觀察。
3. 再檢查一次，是否都圈對了。

自己的表現 ☺ ☺ ☹
觀察者評語 ☺ ☺ ☹

今天是　　月　　日，我玩了這個遊戲。

尋找密碼遊戲 18

請根據提示的密碼，在題目中**找出相同**的符號，並將它圈起來。

密碼： ⚹ ♋ ₵

題目

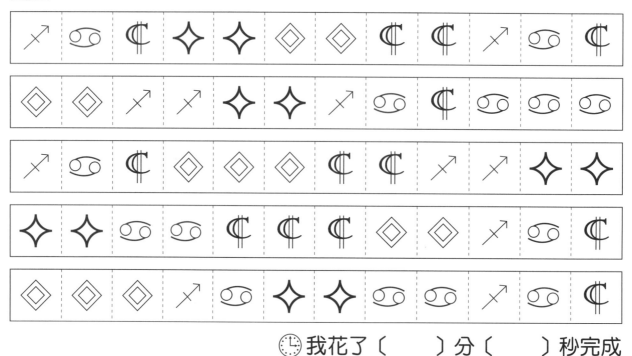

⏰我花了〔　　　〕分〔　　　〕秒完成

提示：
1. 先找出密碼是什麼。
2. 從題目中逐一仔細的觀察。
3. 再檢查一次，是否都圈對了。

自己的表現 ☺ ☺ ☹
觀察者評語 ☺ ☺ ☹

今天是 　 月 　 日，我玩了這個遊戲。

魔術遊戲 1

請以提示中的符號替代數字，將題目中的符號做替換。

提示

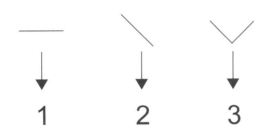

1　　　2　　　3

題目

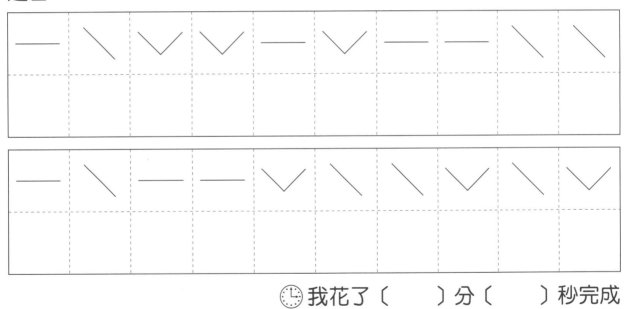

🕐我花了〔　　　〕分〔　　　〕秒完成

提示：
1. 請仔細觀察提示的符號替代數字。
2. 按提示將題目中的符號逐一替換。
3. 檢查一下，是不是都寫對了。

自己的表現 ☺ ☹ ☹
觀察者評語 ☺ ☹ ☹

替換符號

魔術遊戲 2

請以提示中的符號替代數字，將題目中的符號做替換。

提示

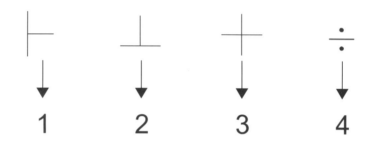

題目

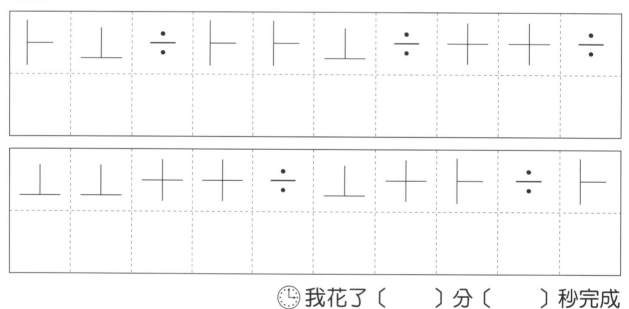

🕐我花了〔　　　〕分〔　　　〕秒完成

提示：
1. 請仔細觀察提示的符號替代數字。
2. 按提示將題目中的符號逐一替換。
3. 檢查一下，是不是都寫對了。

自己的表現 ☺ ☺ ☹
觀察者評語 ☺ ☺ ☹

今天是　　月　　日，我玩了這個遊戲。

魔術遊戲 3

請以提示中的符號替代數字，將題目中的符號做替換。

提示

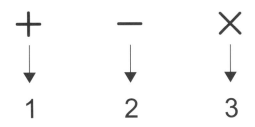

題目

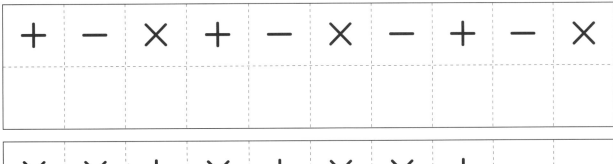

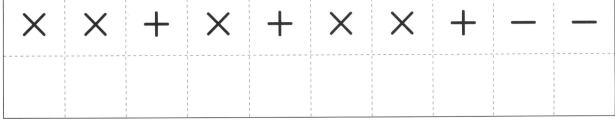

🕐我花了〔　　　〕分〔　　　〕秒完成

替換符號

提示：
1. 請仔細觀察提示的符號替代數字。
2. 按提示將題目中的符號逐一替換。
3. 檢查一下，是不是都寫對了。

自己的表現 ☺ ☺ ☹
觀察者評語 ☺ ☺ ☹

魔術遊戲 4

請以提示中的符號替代數字，將題目中的符號做替換。

提示

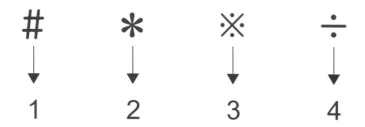

題目

#	*	※	#	*	※	÷	*	※	※

*	#	※	*	÷	*	※	#	÷	※

🕐 我花了〔　　　〕分〔　　　〕秒完成

替換符號

提示：
1. 請仔細觀察提示的符號替代數字。
2. 按提示將題目中的符號逐一替換。
3. 檢查一下，是不是都寫對了。

自己的表現 ☺ ☺ ☹
觀察者評語 ☺ ☺ ☹

今天是　　月　　日，我玩了這個遊戲。

魔術遊戲 5

請以提示中的符號替代數字，將題目中的符號做替換。

提示

題目

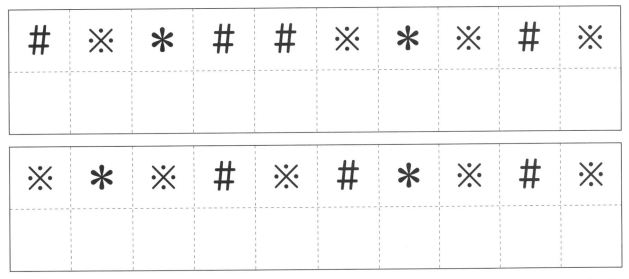

🕐我花了〔　　　〕分〔　　　〕秒完成

替換符號

提示：
1. 請仔細觀察提示的符號替代數字。
2. 按提示將題目中的符號逐一替換。
3. 檢查一下，是不是都寫對了。

自己的表現 ☺ ☹ ☹
觀察者評語 ☺ ☹ ☹

魔術遊戲 6

請以提示中的符號替代數字，將題目中的符號做替換。

提示

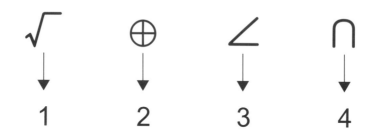

$$\sqrt{} \rightarrow 1 \qquad \oplus \rightarrow 2 \qquad \angle \rightarrow 3 \qquad \cap \rightarrow 4$$

題目

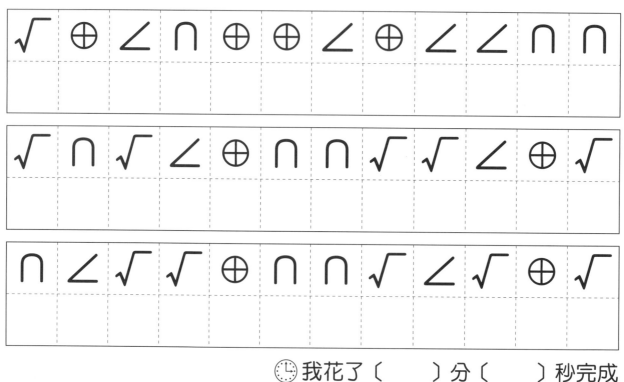

 我花了〔　　　〕分〔　　　〕秒完成

替換符號

提示：
1. 請仔細觀察提示的符號替代數字。
2. 按提示將題目中的符號逐一替換。
3. 檢查一下，是不是都寫對了。

自己的表現 ☺ 😐 ☹
觀察者評語 ☺ 😐 ☹

今天是　　月　　日，我玩了這個遊戲。

魔術遊戲 7

請以提示中的符號替代數字，將題目中的符號做替換。

提示

$\oint \rightarrow 1$　$\oplus \rightarrow 2$　$\pitchfork \rightarrow 3$　$\cap \rightarrow 4$

題目

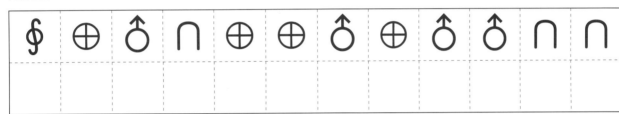

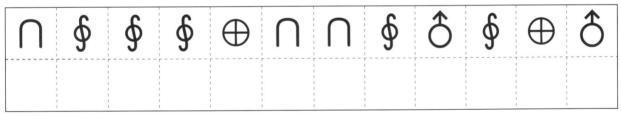

🕐 我花了〔　　〕分〔　　〕秒完成

提示：
1. 請仔細觀察提示的符號替代數字。
2. 按提示將題目中的符號逐一替換。
3. 檢查一下，是不是都寫對了。

自己的表現 ☺ ☺ ☹
觀察者評語 ☺ ☺ ☹

替換符號

今天是　　月　　日，我玩了這個遊戲。

魔術遊戲 8

請以提示中的符號替代數字，將題目中的符號做替換。

提示

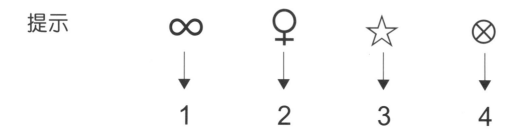

∞ → 1　　♀ → 2　　☆ → 3　　⊗ → 4

題目

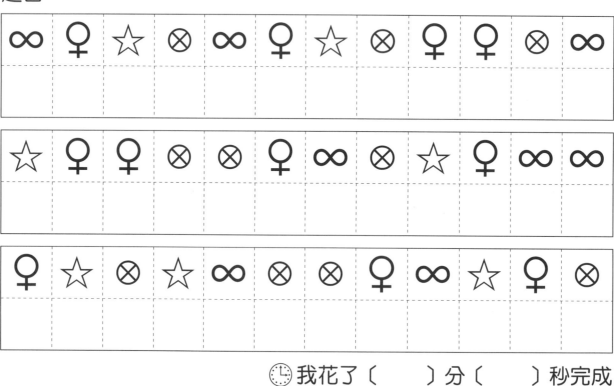

🕐我花了〔　　　〕分〔　　　〕秒完成

提示：
1. 請仔細觀察提示的符號替代數字。
2. 按提示將題目中的符號逐一替換。
3. 檢查一下，是不是都寫對了。

自己的表現 ☺ ☺ ☹
觀察者評語 ☺ ☺ ☹

替換符號

魔術遊戲 9

請以提示中的符號替代數字，將題目中的符號做替換。

提示

♀ → 1　　⊗ → 2　　∞ → 3　　☆ → 4

題目

🕐 我花了〔　　　〕分〔　　　〕秒完成

提示：
1. 請仔細觀察提示的符號替代數字。
2. 按提示將題目中的符號逐一替換。
3. 檢查一下，是不是都寫對了。

自己的表現 ☺ ☹ ☹
觀察者評語 ☺ ☹ ☹

替換符號

今天是 　月　 日，我玩了這個遊戲。

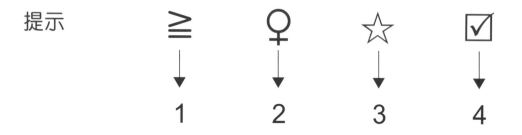

魔術遊戲 10

請以提示中的符號替代數字，將題目中的符號做替換。

提示

≧	♀	☆	☑
↓	↓	↓	↓
1	2	3	4

題目

🕐 我花了〔　　　〕分〔　　　〕秒完成

提示：
1. 請仔細觀察提示的符號替代數字。
2. 按提示將題目中的符號逐一替換。
3. 檢查一下，是不是都寫對了。

自己的表現 ☺ ☺ ☹
觀察者評語 ☺ ☺ ☹

替換符號

魔術遊戲 11

請以提示中的英文字替代數字，將題目中的英文字做替換。

提示

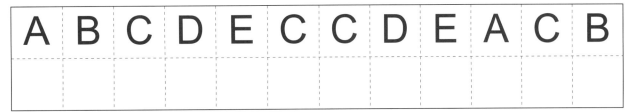

A	B	C	D	E
↓	↓	↓	↓	↓
1	2	3	4	5

題目

A	B	C	D	E	C	C	D	E	A	C	B

D	C	E	E	B	A	D	D	B	E	C	B

E	C	A	B	B	E	C	B	E	D	A	B

🕐 我花了〔　　〕分〔　　〕秒完成

替換符號

提示：
1. 請仔細觀察提示的英文字替代數字。
2. 按提示將題目中的英文字逐一替換。
3. 檢查一下，是不是都寫對了。

自己的表現	☺	☺	☹
觀察者評語	☺	☺	☹

魔術遊戲 12

請以提示中的英文字替代符號，將題目中的英文字做替換。

提示

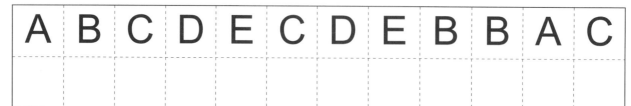

A	B	C	D	E
↓	↓	↓	↓	↓
＋	＞	✕	◎	？

題目

A	B	C	D	E	C	D	E	B	B	A	C

A	C	E	B	E	E	D	D	A	A	B	B

C	A	B	A	A	A	A	E	D	D	A	C	B

🕐我花了〔　　　〕分〔　　　〕秒完成

提示：
1. 請仔細觀察提示的英文字替代符號。
2. 按提示將題目中的英文字逐一替換。
3. 檢查一下，是不是都寫對了。

自己的表現 ☺ ☺ ☹
觀察者評語 ☺ ☺ ☹

替換符號

魔術遊戲 13

請以提示中的英文字替代數字，將題目中的英文字做替換。

提示

V	W	X	Y	Z
↓	↓	↓	↓	↓
1	2	3	4	5

題目

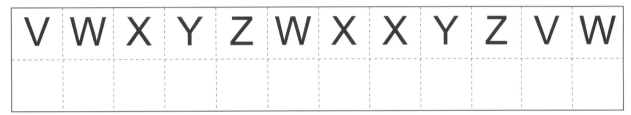

V	W	X	Y	Z	W	X	X	Y	Z	V	W

V	W	W	V	Y	X	Z	V	V	Z	Z	W

W	V	V	Y	Y	X	W	V	Z	X	X	W

🕐 我花了〔　　　〕分〔　　　〕秒完成

替換符號

提示：
1. 請仔細觀察提示的英文字替代數字。
2. 按提示將題目中的英文字逐一替換。
3. 檢查一下，是不是都寫對了。

自己的表現 ☺ ☺ ☹
觀察者評語 ☺ ☺ ☹

魔術遊戲 14

請以提示中的英文字替代符號，將題目中的英文字做替換。

提示

V	W	X	Y	Z
↓	↓	↓	↓	↓
＋	○	＜	）	＝

題目

V	Z	X	Y	W	W	Z	X	V	W	Y	Z

Z	Z	Y	W	X	Y	Y	X	Y	V	W	Z

X	W	Y	X	Y	V	W	Y	Z	Y	W

🕐 我花了〔　　〕分〔　　〕秒完成

提示：
1. 請仔細觀察提示的英文字替代符號。
2. 按提示將題目中的英文字逐一替換。
3. 檢查一下，是不是都寫對了。

自己的表現	☺	☺	☹
觀察者評語	☺	☺	☹

替換符號

今天是　　月　　日，我玩了這個遊戲。

排列遊戲 1

請仔細觀察提示，從題目中圈出**排列順序錯誤**的符號。
請由左到右作答，寫完一行再換下一行。

提示

$$+ \quad - \quad \times \quad \div$$

題目

+	−	÷	÷	+	−	×	÷	+
−	×	×	+	−	×	÷	+	+
×	÷	+	−	×	÷	−	−	×
÷	+	−	×	÷	+	−	×	÷
+	−	+	−	+	−	×	÷	−
−	−	÷	+	−	×	÷	+	+
×	÷	+	÷	×	÷	+	−	×
÷	+	−	÷	÷	+	+	×	÷

提示：
1. 請仔細看提示的順序。
2. 找到錯誤後指出來看看。
3. 再檢查一次，哪些順序排錯了。

自己的表現 ☺ ☺ ☹
觀察者評語 ☺ ☺ ☹

排列推理

091

排列遊戲 2

請仔細觀察提示，從題目中圈出**排列順序錯誤**的數字。
請由左到右作答，做完一行再換下一行。

提示

2	4	6	8

題目

2	4	6	8	2	4	6	8	2	6
6	8	2	4	8	8	2	4	6	8
2	4	4	8	2	2	6	8	2	4
6	8	2	4	4	8	2	4	6	8
2	4	6	6	2	4	6	8	2	6
6	8	2	4	6	8	2	4	4	8
2	4	8	8	2	4	6	8	2	4
6	8	2	4	8	8	2	6	6	8

提示：
1. 請仔細看提示的順序。
2. 找到錯誤後指出來看看。
3. 再檢查一次，哪些順序排錯了。

排列推理

自己的表現 ☺ ☺ ☹
觀察者評語 ☺ ☺ ☹

排列遊戲 3

請仔細觀察提示，從題目中圈出**排列順序錯誤**的符號。
請由左到右作答，做完一行再換下一行。

提示

| ↑ | → | ↓ | ← |

題目

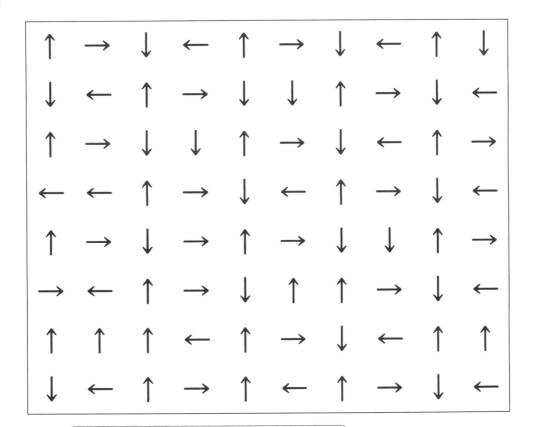

提示：
1. 請仔細看提示的順序。
2. 找到錯誤後指出來看看。
3. 再檢查一次，哪些順序排錯了。

自己的表現　☺　☺　☹
觀察者評語　☺　☺　☹

排列推理

排列遊戲 4

請仔細觀察提示，從題目中圈出**排列順序錯誤**的符號。
請由左到右作答，做完一行再換下一行。

提示

III	IV	V	VI

題目

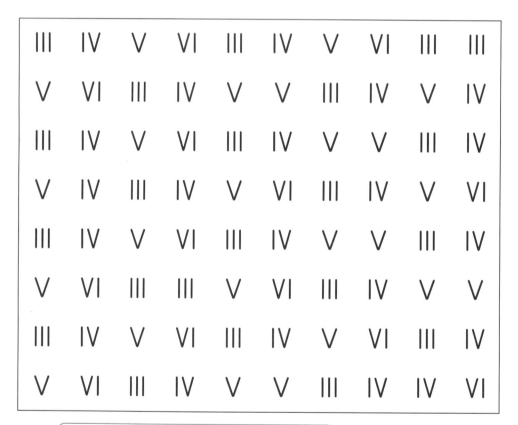

III	IV	V	VI	III	IV	V	VI	III	III
V	VI	III	IV	V	V	III	IV	V	IV
III	IV	V	VI	III	IV	V	V	III	IV
V	IV	III	IV	V	VI	III	IV	V	VI
III	IV	V	VI	III	IV	V	V	III	IV
V	VI	III	III	V	VI	III	IV	V	V
III	IV	V	VI	III	IV	V	VI	III	IV
V	VI	III	IV	V	V	III	IV	IV	VI

提示：
1. 請仔細看提示的順序。
2. 找到錯誤後指出來看看。
3. 再檢查一次，哪些順序排錯了。

自己的表現	☺	☹	☹
觀察者評語	☺	☹	☹

排列推理

排列遊戲 5

請仔細觀察提示，從題目中圈出**排列順序錯誤**的符號。
請由左到右作答，做完一行再換下一行。

提示

| W | V | ∧ | M |

題目

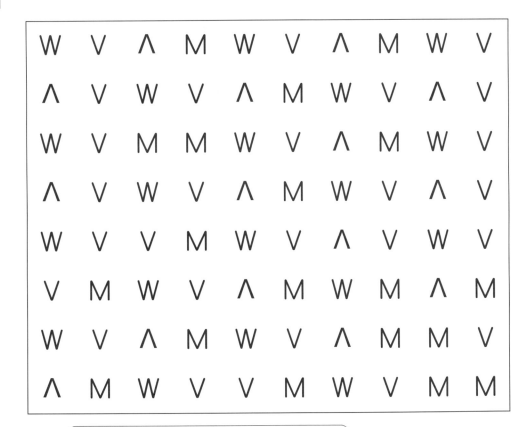

提示：
1. 請仔細看提示的順序。
2. 找到錯誤後指出來看看。
3. 再檢查一次，哪些順序排錯了。

自己的表現 ☺ ☺ ☹
觀察者評語 ☺ ☺ ☹

排列推理

排列遊戲 6

請仔細觀察提示，從題目中圈出**排列順序錯誤**的符號。
請由左到右作答，做完一行再換下一行。

提示

題目

提示：
1. 請仔細看提示的順序。
2. 找到錯誤後指出來看看。
3. 再檢查一次，哪些順序排錯了。

自己的表現 ☺ ☺ ☹
觀察者評語 ☺ ☺ ☹

排列推理

排列遊戲 7

請仔細觀察提示，從題目中圈出**排列順序錯誤**的符號。
請由左到右作答，做完一行再換下一行。

提示

題目

提示：
1. 請仔細看提示的順序。
2. 找到錯誤後指出來看看。
3. 再檢查一次，哪些順序排錯了。

自己的表現 ☺ ☺ ☹
觀察者評語 ☺ ☺ ☹

排列推理

排列遊戲 8

請仔細觀察提示，從題目中圈出**排列順序錯誤**的英文字。
請由左到右作答，做完一行再換下一行。

提示

p	b	d	q

題目

p	b	d	q	p	b	d	q	p	b
b	q	p	b	d	b	p	b	d	q
p	b	d	q	p	b	d	q	p	b
d	q	p	d	d	q	p	b	d	q
p	q	d	q	p	b	d	q	p	b
d	q	p	b	b	d	p	b	d	q
p	b	d	q	p	b	d	q	p	d
d	q	p	b	d	q	p	p	p	q

提示：
1. 請仔細看提示的順序。
2. 找到錯誤後指出來看看。
3. 再檢查一次，哪些順序排錯了。

自己的表現 ☺ ☹ ☹
觀察者評語 ☺ ☹ ☹

排列推理

today 今天是 ___ 月 ___ 日，我玩了這個遊戲。

排列遊戲 9

請仔細觀察提示，從題目中圈出**排列順序錯誤**的符號。
請由左到右作答，做完一行再換下一行。

提示

題目

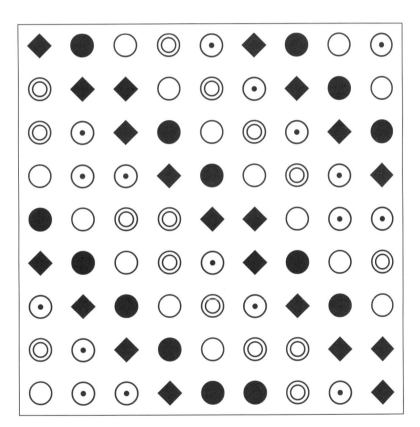

提示：
1. 請仔細看提示的順序。
2. 找到錯誤後指出來看看。
3. 再檢查一次，哪些順序排錯了。

自己的表現 ☺ ☺ ☹
觀察者評語 ☺ ☺ ☹

排列推理

排列遊戲 10

請仔細觀察提示，從題目中圈出**排列順序錯誤**的符號。
請由左到右作答，做完一行再換下一行。

提示

| ↑ | ↗ | → | ↘ | ↓ |

題目

提示：
1. 請仔細看提示的順序。
2. 找到錯誤後指出來看看。
3. 再檢查一次，哪些順序排錯了。

排列推理

自己的表現 ☺ ☺ ☹
觀察者評語 ☺ ☺ ☹

貳 學業成就能力訓練教材

對稱遊戲 **1**

圖片中間的虛線為**對稱軸**，請根據虛線左邊的圖形，在虛線右邊畫出一個與左邊圖形**左右對稱**的圖形。

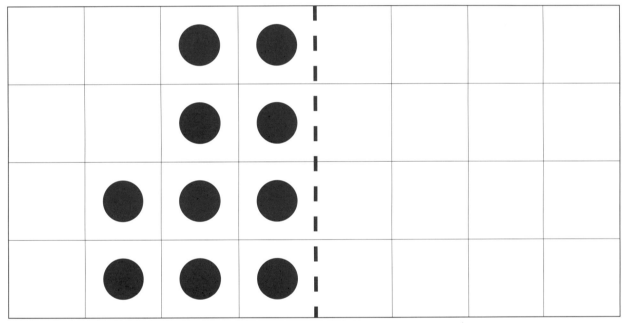

提示：
1. 請先找出對稱軸的位置。
2. 仔細觀察虛線左邊的圖形和位置。
3. 完成後再檢查一次。

自己的表現 ☺ ☺ ☹
觀察者評語 ☺ ☺ ☹

今天是　　月　　日，我玩了這個遊戲。

對稱遊戲 2

圖片中間的虛線為**對稱軸**，請根據虛線左邊的圖形，在虛線右邊畫出一個與左邊圖形**左右對稱**的圖形。

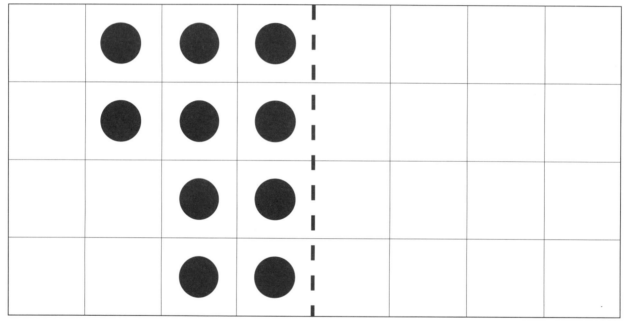

提示：
1. 請先找出對稱軸的位置。
2. 仔細觀察虛線左邊的圖形和位置。
3. 完成後再檢查一次。

自己的表現 ☺ ☺ ☹
觀察者評語 ☺ ☺ ☹

對稱遊戲 3

圖片中間的虛線為**對稱軸**，請根據虛線左邊的圖形，在虛線右邊畫出一個與左邊圖形**左右對稱**的圖形。

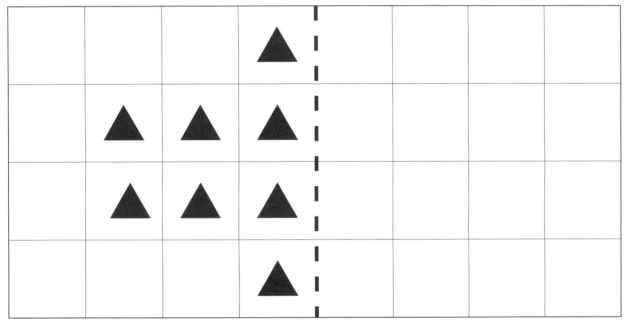

提示：
1. 請先找出對稱軸的位置。
2. 仔細觀察虛線左邊的圖形和位置。
3. 完成後再檢查一次。

自己的表現 ☺ ☺ ☹
觀察者評語 ☺ ☺ ☹

今天是 　月　 日，我玩了這個遊戲。

對稱遊戲 4

圖片中間的虛線為**對稱軸**，請根據虛線左邊的圖形，在虛線右邊畫出一個與左邊圖形**左右對稱**的圖形。

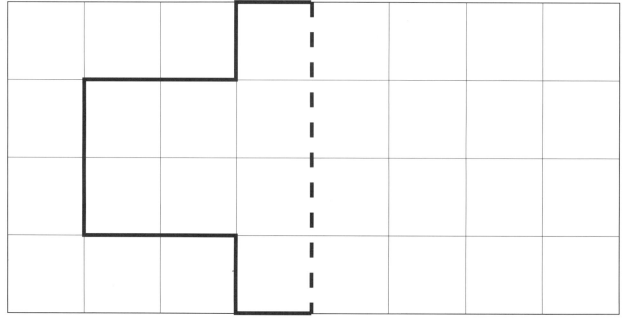

提示：
1. 請先找出對稱軸的位置。
2. 仔細觀察虛線左邊的圖形和位置。
3. 完成後再檢查一次。

自己的表現 ☺ ☺ ☹
觀察者評語 ☺ ☺ ☹

對稱遊戲 5

圖片中間的虛線為**對稱軸**，請根據虛線左邊的圖形，在虛線右邊畫出一個與左邊圖形**左右對稱**的圖形。

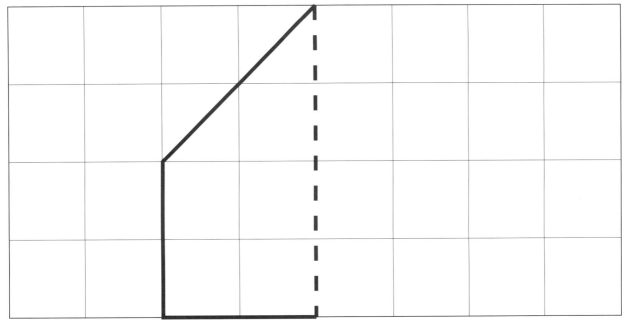

提示：
1. 請先找出對稱軸的位置。
2. 仔細觀察虛線左邊的圖形和位置。
3. 完成後再檢查一次。

自己的表現 ☺ ☺ ☹
觀察者評語 ☺ ☺ ☹

今天是　　月　　日，我玩了這個遊戲。

對稱遊戲 6

圖片中間的虛線為**對稱軸**，請根據虛線左邊的圖形，在虛線右邊畫出一個與左邊圖形**左右對稱**的圖形。

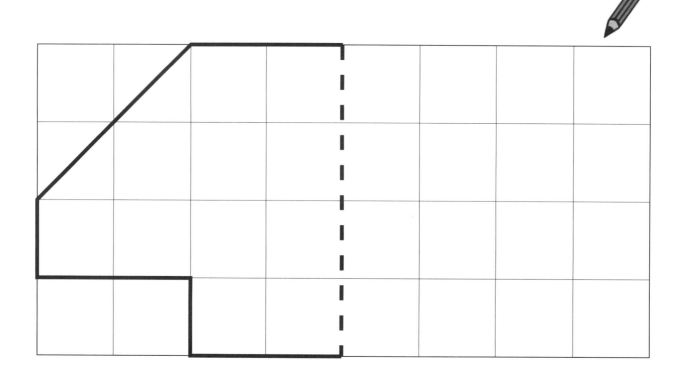

提示：
1. 請先找出對稱軸的位置。
2. 仔細觀察虛線左邊的圖形和位置。
3. 完成後再檢查一次。

自己的表現 ☺ ☺ ☹
觀察者評語 ☺ ☺ ☹

對稱遊戲 7

圖片中間的虛線為**對稱軸**，請根據虛線左邊的圖形，在虛線右邊畫出一個與左邊圖形**左右對稱**的圖形。

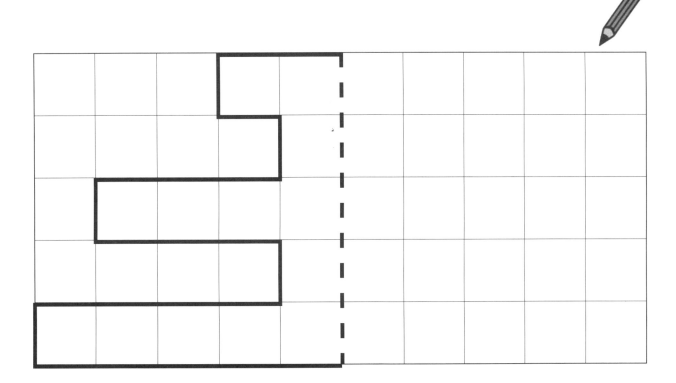

提示：
1. 請先找出對稱軸的位置。
2. 仔細觀察虛線左邊的圖形和位置。
3. 完成後再檢查一次。

自己的表現 ☺ ☺ ☹
觀察者評語 ☺ ☺ ☹

今天是　　月　　日，我玩了這個遊戲。

對稱遊戲 8

圖片中間的虛線為**對稱軸**，請根據虛線左邊的圖形，在虛線右邊畫出一個與左邊圖形**左右對稱**的圖形。

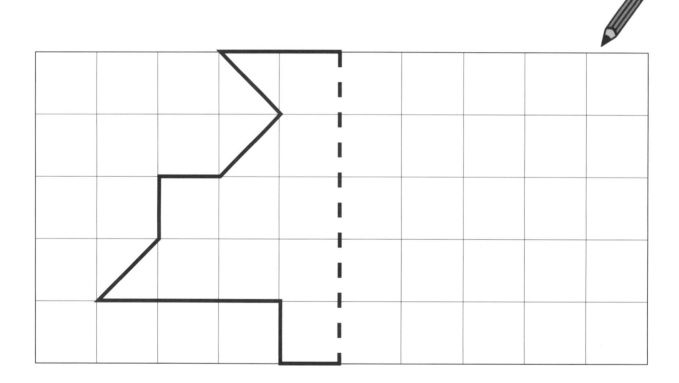

提示：
1. 請先找出對稱軸的位置。
2. 仔細觀察虛線左邊的圖形和位置。
3. 完成後再檢查一次。

自己的表現 ☺ ☺ ☹
觀察者評語 ☺ ☺ ☹

對稱遊戲 9

圖片中間的虛線為**對稱軸**，請根據虛線左邊的圖形，在虛線右邊畫出一個與左邊圖形**左右對稱**的圖形。

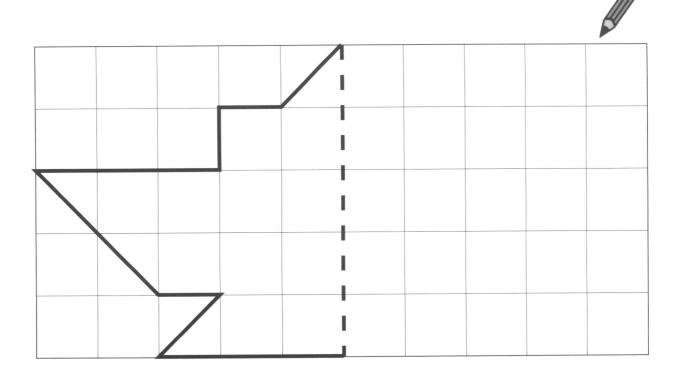

 提示：
1. 請先找出對稱軸的位置。
2. 仔細觀察虛線左邊的圖形和位置。
3. 完成後再檢查一次。

自己的表現 ☺ ☹ ☹
觀察者評語 ☺ ☹ ☹

今天是　　月　　日，我玩了這個遊戲。

對稱遊戲 10

圖片中間的虛線為**對稱軸**，請根據虛線左邊的圖形，在虛線右邊畫出一個與左邊圖形**左右對稱**的圖形。

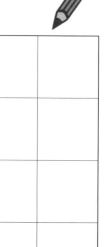

提示：
1. 請先找出對稱軸的位置。
2. 仔細觀察虛線左邊的圖形和位置。
3. 完成後再檢查一次。

自己的表現 ☺ ☺ ☹
觀察者評語 ☺ ☺ ☹

對稱遊戲 11

圖片中間的虛線為**對稱軸**，請根據虛線左邊的圖形，在虛線右邊畫出一個與左邊圖形**左右對稱**的圖形。

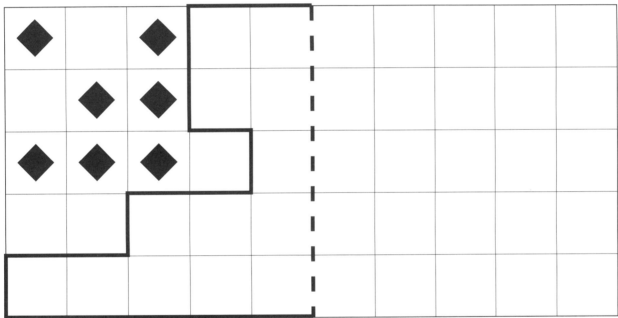

提示：
1. 請先找出對稱軸的位置。
2. 仔細觀察虛線左邊的圖形和位置。
3. 完成後再檢查一次。

自己的表現 ☺ ☺ ☹
觀察者評語 ☺ ☺ ☹

今天是　　月　　日，我玩了這個遊戲。

對稱遊戲 12

圖片中間的虛線為**對稱軸**，請根據虛線左邊的圖形，在虛線右邊畫出一個與左邊圖形**左右對稱**的圖形。

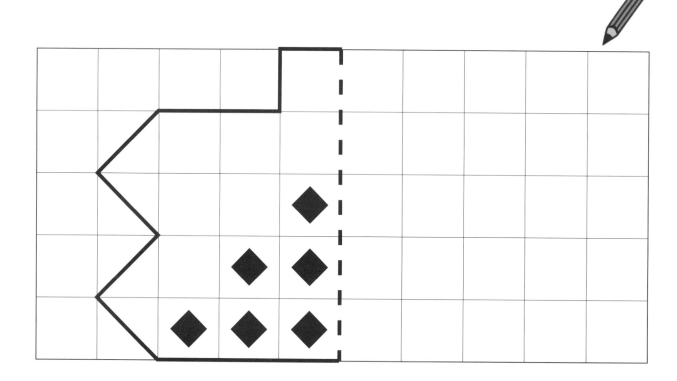

提示：
1. 請先找出對稱軸的位置。
2. 仔細觀察虛線左邊的圖形和位置。
3. 完成後再檢查一次。

自己的表現 ☺ ☺ ☹
觀察者評語 ☺ ☺ ☹

對稱遊戲 13

圖片中間的虛線為**對稱軸**，請根據虛線左邊的圖形，在虛線右邊畫出一個與左邊圖形**左右對稱**的圖形。

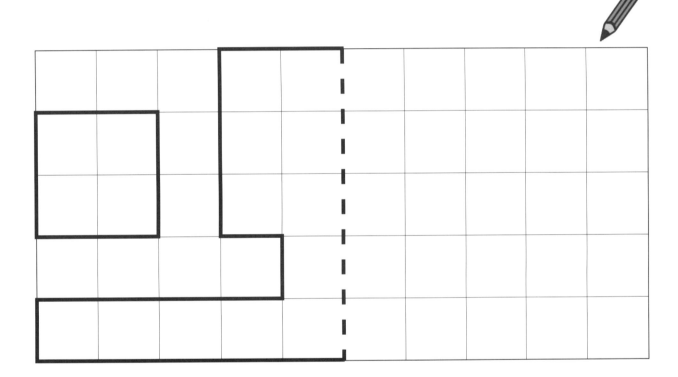

提示：
1. 請先找出對稱軸的位置。
2. 仔細觀察虛線左邊的圖形和位置。
3. 完成後再檢查一次。

自己的表現 ☺ ☺ ☹
觀察者評語 ☺ ☺ ☹

今天是　　月　　日，我玩了這個遊戲。

對稱遊戲 14

圖片中間的虛線為**對稱軸**，請根據虛線左邊的圖形，在虛線右邊畫出一個與左邊圖形**左右對稱**的圖形。

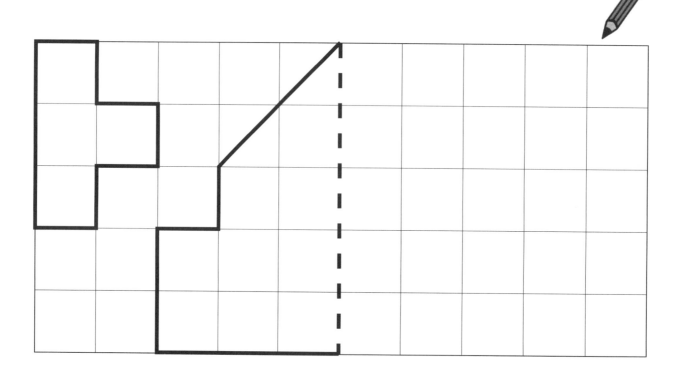

提示：
1. 請先找出對稱軸的位置。
2. 仔細觀察虛線左邊的圖形和位置。
3. 完成後再檢查一次。

自己的表現 ☺ ☺ ☹
觀察者評語 ☺ ☺ ☹

今天是　　月　　日，我玩了這個遊戲。

對稱遊戲 15

圖片中間的虛線為**對稱軸**，請根據虛線左邊的圖形，在虛線右邊畫出一個與左邊圖形**左右對稱**的圖形。

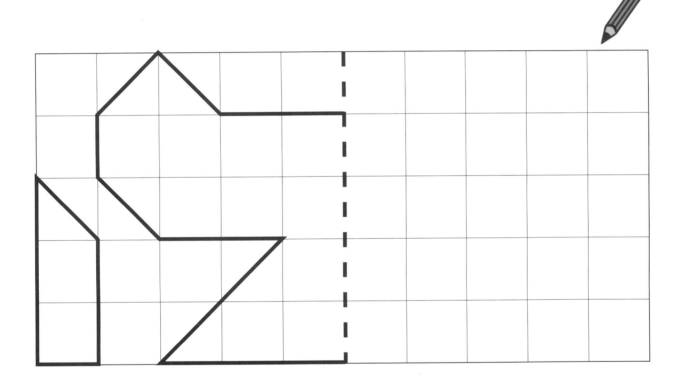

提示：
1. 請先找出對稱軸的位置。
2. 仔細觀察虛線左邊的圖形和位置。
3. 完成後再檢查一次。

自己的表現 ☺ ☺ ☹
觀察者評語 ☺ ☺ ☹

今天是　　月　　日，我玩了這個遊戲。

對稱遊戲 16

圖片中間的虛線為**對稱軸**，請根據虛線左邊的圖形，在虛線右邊畫出一個與左邊圖形**左右對稱**的圖形。

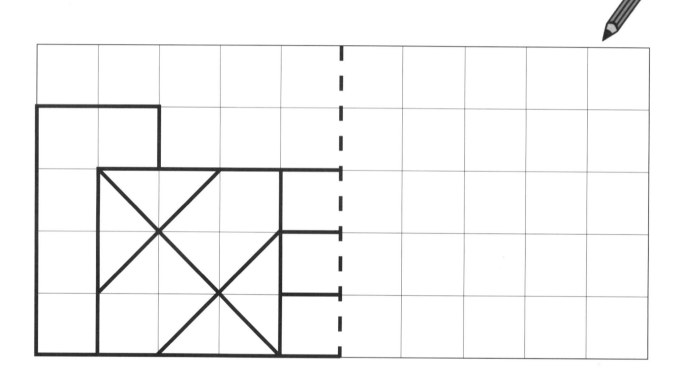

提示：
1. 請先找出對稱軸的位置。
2. 仔細觀察虛線左邊的圖形和位置。
3. 完成後再檢查一次。

自己的表現 ☺ ☺ ☹
觀察者評語 ☺ ☺ ☹

文字遊戲 1

範例中有一些字被寫顛倒了，請觀察它們的變化，並於題目的空格中寫出正確的字。

範例

題目

提示：
1. 請仔細觀察範例的字形。
2. 想想看，字該怎麼寫。
3. 也可以將字翻轉來看。

自己的表現　☺　☺　☹
觀察者評語　☺　☺　☹

文字遊戲 2

範例中有一些字被寫顛倒了，請觀察它們的變化，並於題目的空格中寫出正確的字。

範例

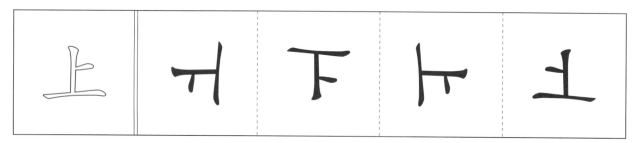

題目

提示：
1. 請仔細觀察範例的字形。
2. 想想看，字該怎麼寫。
3. 也可以將字翻轉來看。

| 自己的表現 ☺ ☺ ☹ |
| 觀察者評語 ☺ ☺ ☹ |

文字遊戲 3

範例中有一些字被寫顛倒了，請觀察它們的變化，並於題目的空格中寫出正確的字。

文字變化

範例

題目

提示：
1. 請仔細觀察範例的字形。
2. 想想看，字該怎麼寫。
3. 也可以將字翻轉來看。

自己的表現 ☺ ☺ ☹
觀察者評語 ☺ ☺ ☹

文字變化

文字遊戲 4

範例中有一些字被寫顛倒了，請觀察它們的變化，並於題目的空格中寫出正確的字。

範例

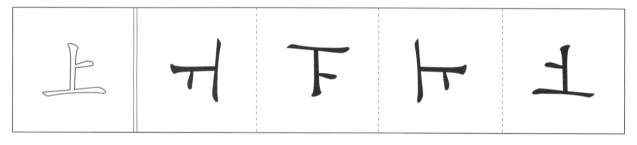

題目

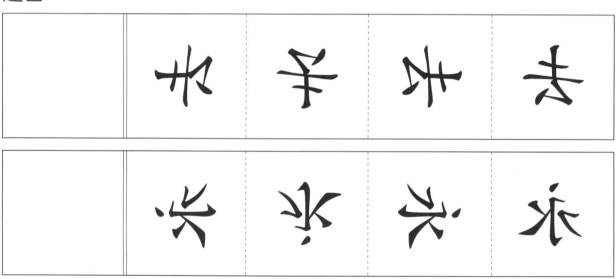

提示：
1. 請仔細觀察範例的字形。
2. 想想看，字該怎麼寫。
3. 也可以將字翻轉來看。

自己的表現 ☺ ☺ ☹
觀察者評語 ☺ ☺ ☹

文字遊戲 5

範例中有一些字被寫顛倒了，請觀察它們的變化，並於題目的空格中寫出正確的字。

範例

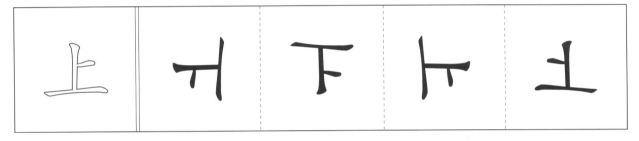

題目

提示：
1. 請仔細觀察範例的字形。
2. 想想看，字該怎麼寫。
3. 也可以將字翻轉來看。

自己的表現 ☺ ☺ ☹
觀察者評語 ☺ ☺ ☹

文字變化

文字遊戲 6

範例中有一些字被寫顛倒了，請觀察它們的變化，並於題目的空格中寫出正確的字。

範例

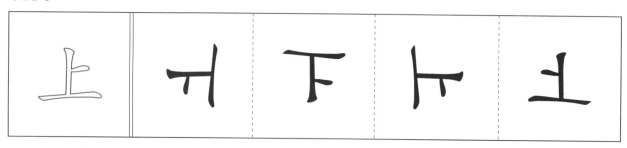

題目

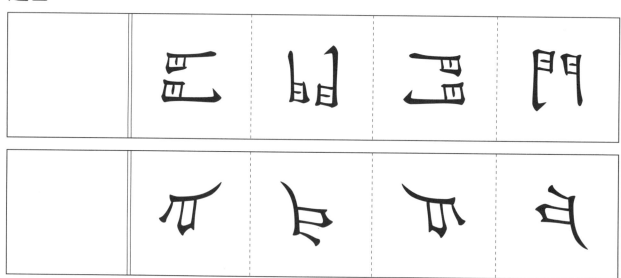

提示：
1. 請仔細觀察範例的字形。
2. 想想看，字該怎麼寫。
3. 也可以將字翻轉來看。

自己的表現 ☺ ☺ ☹
觀察者評語 ☺ ☺ ☹

文字遊戲 7

範例中有一些字被寫顛倒了，請觀察它們的變化，並於題目的空格中寫出正確的字。

範例

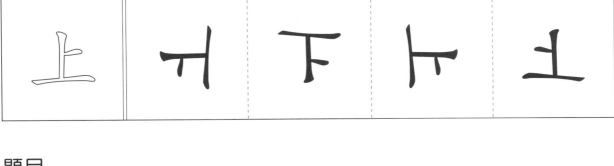

題目

提示：
1. 請仔細觀察範例的字形。
2. 想想看，字該怎麼寫。
3. 也可以將字翻轉來看。

自己的表現 ☺ ☹ ☹
觀察者評語 ☺ ☹ ☹

文字變化

文字遊戲 8

範例中有一些字被寫顛倒了，請觀察它們的變化，並於題目的空格中寫出正確的字。

範例

題目

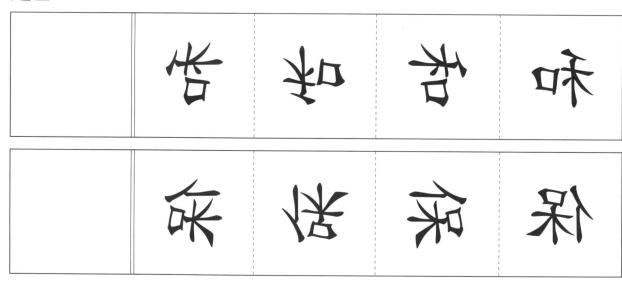

提示：
1. 請仔細觀察範例的字形。
2. 想想看，字該怎麼寫。
3. 也可以將字翻轉來看。

自己的表現 ☺ ☺ ☹
觀察者評語 ☺ ☺ ☹

文字遊戲 9

範例中有一些字被寫顛倒了，請觀察它們的變化，並於題目的空格中寫出正確的字。

文字變化

範例

上	ㅓ	下	ㅏ	ㅗ

題目

提示：
1. 請仔細觀察範例的字形。
2. 想想看，字該怎麼寫。
3. 也可以將字翻轉來看。

自己的表現 ☺ ☺ ☹
觀察者評語 ☺ ☺ ☹

文字變化

文字遊戲 10

範例中有一些字被寫顛倒了，請觀察它們的變化，並於題目的空格中寫出正確的字。

範例

上	升	下	卡	土

題目

提示：
1. 請仔細觀察範例的字形。
2. 想想看，字該怎麼寫。
3. 也可以將字翻轉來看。

自己的表現　☺　☺　☹
觀察者評語　☺　☺　☹

文字遊戲 11

範例中有一些字被寫顛倒了，請觀察它們的變化，並於題目的空格中寫出正確的字。

範例

上	屮	下	卜	土

題目

提示：
1. 請仔細觀察範例的字形。
2. 想想看，字該怎麼寫。
3. 也可以將字翻轉來看。

自己的表現 ☺ ☺ ☹
觀察者評語 ☺ ☺ ☹

文字遊戲 12

範例中有一些字被寫顛倒了，請觀察它們的變化，並於題目的空格中寫出正確的字。

文字變化

範例

題目

函	倒	函	函
逝	湘	湖	眿
函	惧	酒	酎

提示：
1. 請仔細觀察範例的字形。
2. 想想看，字該怎麼寫。
3. 也可以將字翻轉來看。

自己的表現 ☺ ☺ ☹
觀察者評語 ☺ ☺ ☹

文字遊戲 13

範例中有一些字被寫顛倒了，請觀察它們的變化，並於題目的空格中寫出正確的字。

文字變化

範例

上	⊥	下	上	土

題目

 提示：
1. 請仔細觀察範例的字形。
2. 想想看，字該怎麼寫。
3. 也可以將字翻轉來看。

自己的表現 ☺ ☺ ☹
觀察者評語 ☺ ☺ ☹

文字變化

文字遊戲 14

範例中有一些字被寫顛倒了，請觀察它們的變化，並於題目的空格中寫出正確的字。

範例

上	⊥	下	⊥	⊥

題目

提示：
1. 請仔細觀察範例的字形。
2. 想想看，字該怎麼寫。
3. 也可以將字翻轉來看。

| 自己的表現 | ☺ | ☺ | ☹ |
| 觀察者評語 | ☺ | ☺ | ☹ |

文字遊戲 15

範例中有一些字被寫顛倒了，請觀察它們的變化，並於題目的空格中寫出正確的字。

範例

上	屮	下	卜	王

題目

提示：
1. 請仔細觀察範例的字形。
2. 想想看，字該怎麼寫。
3. 也可以將字翻轉來看。

自己的表現	☺	☺	☹
觀察者評語	☺	☺	☹

133

文字變化

文字遊戲 16

範例中有一些字被寫顛倒了，請觀察它們的變化，並於題目的空格中寫出正確的字。

範例

題目

提示：

1. 請仔細觀察範例的字形。
2. 想想看，字該怎麼寫。
3. 也可以將字翻轉來看。

自己的表現 ☺ ☺ ☹
觀察者評語 ☺ ☺ ☹

尋找遊戲 1

下面有許多字母，但有幾個字母長得和大多數的字母**不一樣**，請把它們圈起來。

M	M	M	M	M	M	W	M
W	M	M	M	M	M	M	M
M	M	M	M	M	M	W	M
M	M	M	W	M	M	M	M
M	W	M	M	M	M	M	M
M	M	M	M	M	M	M	W
W	M	M	M	M	M	M	M
M	M	M	M	M	W	M	M

提示：

1. 仔細看，哪幾個字母特別不一樣？
2. 找到了嗎？指出來看看。
3. 再檢查一次，哪些不一樣。

自己的表現 ☺ ☺ ☺
觀察者評語 ☺ ☺ ☺

文字區辨

尋找遊戲 2

下面有許多字母，但有幾個字母長得和大多數的字母**不一樣**，請把它們圈起來。

U	U	U	U	U	V	U	U
V	U	U	U	U	U	U	U
U	U	U	U	U	U	V	U
V	V	U	U	U	U	U	V
U	U	U	V	U	U	U	U
U	V	U	U	U	U	U	U
V	U	U	U	U	U	U	U
U	U	U	U	U	U	V	U

提示：
1. 仔細看，哪幾個字母特別不一樣？
2. 找到了嗎？指出來看看。
3. 再檢查一次，哪些不一樣。

自己的表現	☺	☺	☹
觀察者評語	☺	☺	☹

尋找遊戲 3

下面有許多注音，但有幾個注音長得和大多數的注音**不一樣**，請把它們圈起來。

ㄅ	ㄅ	ㄅ	ㄅ	ㄅ	ㄅ	ㄅ	ㄌ
ㄅ	ㄌ	ㄅ	ㄅ	ㄅ	ㄅ	ㄅ	ㄅ
ㄅ	ㄅ	ㄅ	ㄅ	ㄅ	ㄅ	ㄌ	ㄅ
ㄅ	ㄅ	ㄅ	ㄅ	ㄌ	ㄅ	ㄅ	ㄅ
ㄅ	ㄅ	ㄅ	ㄅ	ㄅ	ㄌ	ㄅ	ㄅ
ㄅ	ㄌ	ㄅ	ㄅ	ㄅ	ㄅ	ㄅ	ㄅ
ㄅ	ㄅ	ㄅ	ㄅ	ㄅ	ㄅ	ㄌ	ㄅ
ㄅ	ㄌ	ㄅ	ㄅ	ㄅ	ㄅ	ㄅ	ㄅ

提示：
1. 仔細看，哪幾個注音特別不一樣？
2. 找到了嗎？指出來看看。
3. 再檢查一次，哪些不一樣。

自己的表現	☺ ☺ ☹
觀察者評語	☺ ☺ ☹

文字區辨

文字區辨

尋找遊戲 4

下面有許多注音，但有幾個注音長得和大多數的注音**不一樣**，請把它們圈起來。

ㄊ	ㄅ	ㄊ	ㄊ	ㄊ	ㄊ	ㄊ	ㄊ
ㄊ	ㄊ	ㄊ	ㄊ	ㄊ	ㄙ	ㄊ	ㄊ
ㄊ	ㄊ	ㄊ	ㄊ	ㄊ	ㄊ	ㄊ	ㄊ
ㄙ	ㄊ	ㄊ	ㄊ	ㄊ	ㄅ	ㄊ	ㄙ
ㄊ	ㄅ	ㄊ	ㄊ	ㄊ	ㄊ	ㄊ	ㄊ
ㄊ	ㄊ	ㄊ	ㄙ	ㄅ	ㄊ	ㄊ	ㄊ
ㄊ	ㄊ	ㄊ	ㄊ	ㄊ	ㄅ	ㄊ	ㄊ
ㄊ	ㄙ	ㄊ	ㄊ	ㄊ	ㄊ	ㄊ	ㄊ

提示：
1. 仔細看，哪幾個注音特別不一樣？
2. 找到了嗎？指出來看看。
3. 再檢查一次，哪些不一樣。

自己的表現 ☺ ☺ ☹
觀察者評語 ☺ ☺ ☹

今天是　　月　　日，我玩了這個遊戲。

尋找遊戲 5

下面有許多注音，但有幾個注音長得和大多數的注音**不一樣**，請把它們圈起來。

ㄎ	ㄎ	ㄘ	ㄎ	ㄎ	ㄎ	ㄎ	ㄎ
ㄎ	ㄎ	ㄎ	ㄎ	ㄎ	ㄎ	ㄎ	ㄣ
ㄣ	ㄎ	ㄎ	ㄎ	ㄘ	ㄎ	ㄎ	ㄎ
ㄎ	ㄎ	ㄎ	ㄣ	ㄎ	ㄎ	ㄎ	ㄎ
ㄎ	ㄘ	ㄎ	ㄎ	ㄎ	ㄎ	ㄎ	ㄎ
ㄣ	ㄎ	ㄎ	ㄎ	ㄎ	ㄎ	ㄘ	ㄎ
ㄎ	ㄎ	ㄎ	ㄎ	ㄎ	ㄘ	ㄎ	ㄎ
ㄎ	ㄘ	ㄎ	ㄎ	ㄎ	ㄎ	ㄎ	ㄣ

提示：
1. 仔細看，哪幾個注音特別不一樣？
2. 找到了嗎？指出來看看。
3. 再檢查一次，哪些不一樣。

自己的表現	☺	😐	☹
觀察者評語	☺	😐	☹

文字區辨

尋找遊戲 6

下面有許多文字，但有幾個文字長得和大多數的文字**不一樣**，請把它們圈起來。

王	王	主	王	王	王	王	王
王	王	王	王	圭	王	王	王
王	王	王	王	王	主	王	王
王	王	王	王	王	王	王	王
王	王	主	王	王	王	王	圭
王	圭	王	王	王	王	王	王
王	王	王	王	王	王	主	王
王	主	王	圭	王	王	王	王

提示：
1. 仔細看，哪幾個文字特別不一樣？
2. 找到了嗎？指出來看看。
3. 再檢查一次，哪些不一樣。

自己的表現 ☺ ☺ ☹
觀察者評語 ☺ ☺ ☹

尋找遊戲 7

下面有許多文字，但有幾個文字長得和大多數的文字**不一樣**，請把它們圈起來。

文字區辨

田	曰	田	田	田	田	由	田
田	田	田	田	田	田	田	田
由	田	田	田	田	田	田	田
田	田	田	田	曰	田	田	田
田	由	田	田	田	田	田	田
田	田	田	田	田	曰	由	田
田	由	田	田	田	田	田	田
田	田	田	田	由	田	田	田

提示：
1. 仔細看，哪幾個文字特別不一樣？
2. 找到了嗎？指出來看看。
3. 再檢查一次，哪些不一樣。

自己的表現 ☺ ☺ ☹
觀察者評語 ☺ ☺ ☹

文字區辨

尋找遊戲 8

下面有許多文字，但有幾個文字長得和大多數的文字**不一樣**，請把它們圈起來。

目	日	目	目	白	目	目	目
目	目	目	目	目	目	目	目
目	目	目	目	目	目	目	目
目	目	目	目	目	日	目	白
目	目	目	目	目	目	目	目
白	目	目	目	目	目	目	目
目	目	目	尋	白	目	目	日
目	日	目	目	目	目	目	目

提示：
1. 仔細看，哪幾個文字特別不一樣？
2. 找到了嗎？指出來看看。
3. 再檢查一次，哪些不一樣。

自己的表現 ☺ ☺ ☹
觀察者評語 ☺ ☺ ☹

尋找遊戲 9

下面有許多文字，但有幾個文字長得和大多數的文字**不一樣**，請把它們圈起來。

皿	四	皿	皿	皿	血	皿	皿
皿	皿	皿	皿	皿	皿	皿	皿
皿	皿	皿	四	皿	血	皿	皿
皿	皿	皿	皿	皿	皿	皿	皿
皿	血	皿	皿	四	皿	皿	皿
皿	皿	皿	血	皿	皿	四	皿
皿	四	皿	皿	皿	皿	皿	皿
皿	皿	皿	皿	血	皿	皿	四

提示：
1. 仔細看，哪幾個文字特別不一樣？
2. 找到了嗎？指出來看看。
3. 再檢查一次，哪些不一樣。

自己的表現 ☺ ☺ ☹
觀察者評語 ☺ ☺ ☹

文字區辨

尋找遊戲 10

下面有許多文字，但有幾個文字長得和大多數的文字**不一樣**，請把它們圈起來。

兵	丘	乒	兵	兵	兵	兵	兵
兵	兵	兵	乒	兵	兵	兵	兵
丘	兵	兵	兵	兵	兵	兵	兵
兵	兵	兵	丘	兵	兵	兵	兵
兵	兵	兵	兵	兵	兵	兵	兵
兵	兵	兵	兵	兵	丘	兵	兵
兵	兵	兵	兵	兵	丘	兵	兵
兵	丘	兵	兵	兵	兵	兵	兵

提示：
1. 仔細看，哪幾個文字特別不一樣？
2. 找到了嗎？指出來看看。
3. 再檢查一次，哪些不一樣。

自己的表現 ☺ ☺ ☹
觀察者評語 ☺ ☺ ☹

文字區辨

尋找遊戲 11

下面有許多文字，但有幾個文字長得和大多數的文字**不一樣**，請把它們圈起來。

甲	甲	申	甲	甲	甲	甲	甲
甲	甲	甲	甲	申	甲	由	甲
甲	由	甲	甲	甲	甲	甲	甲
甲	甲	甲	甲	由	甲	甲	甲
由	甲	甲	申	甲	甲	甲	甲
甲	申	甲	甲	甲	甲	甲	由
甲	甲	甲	甲	甲	甲	甲	甲
甲	由	甲	甲	甲	甲	甲	甲

提示：
1. 仔細看，哪幾個文字特別不一樣？
2. 找到了嗎？指出來看看。
3. 再檢查一次，哪些不一樣。

自己的表現 ☺ ☺ ☹
觀察者評語 ☺ ☺ ☹

尋找遊戲 12

下面有許多文字，但有幾個文字長得和大多數的文字**不一樣**，請把它們圈起來。

我	找	我	我	我	我	我	我
我	我	我	我	找	我	我	我
我	我	我	我	我	我	找	我
我	我	我	找	我	我	我	我
我	找	我	我	我	我	我	我
我	找	我	我	我	我	我	我
我	我	我	我	找	我	我	我
我	我	我	我	我	我	我	我

提示：

1. 仔細看，哪幾個文字特別不一樣？
2. 找到了嗎？指出來看看。
3. 再檢查一次，哪些不一樣。

自己的表現	☺	☺	☹
觀察者評語	☺	☺	☹

文字區辨

尋找遊戲 13

下面有許多文字，但有幾個文字長得和大多數的文字**不一樣**，請把它們圈起來。

文字區辨

太	太	太	太	犬	太	太	大
夳	太	太	太	太	夳	太	太
大	太	太	太	太	太	太	太
太	犬	太	太	夳	太	太	太
太	大	太	太	太	犬	太	太
太	夳	太	太	太	太	太	太
太	太	大	犬	夳	太	太	太
太	犬	太	太	太	夳	太	太

提示：
1. 仔細看，哪幾個文字特別不一樣？
2. 找到了嗎？指出來看看。
3. 再檢查一次，哪些不一樣。

自己的表現 ☺ ☺ ☹
觀察者評語 ☺ ☺ ☹

文字區辨

尋找遊戲 14

下面有許多文字，但有幾個文字長得和大多數的文字**不一樣**，請把它們圈起來。

戚	戚	戚	戚	威	戚	戚	戚
戚	戚	戚	戚	戚	戚	戚	戚
威	戚	戚	戚	戚	戚	戚	戚
戚	戚	戚	戚	戚	戚	戚	戚
戚	戚	威	戚	戚	戚	戚	威
戚	威	戚	戚	戚	戚	戚	戚
戚	戚	戚	戚	戚	戚	戚	戚
戚	戚	戚	戚	威	威	戚	戚

提示：
1. 仔細看，哪幾個文字特別不一樣？
2. 找到了嗎？指出來看看。
3. 再檢查一次，哪些不一樣。

自己的表現 ☺ ☻ ☹
觀察者評語 ☺ ☻ ☹

148

今天是 　月　　日，我玩了這個遊戲。

尋找遊戲 15

下面有許多文字，但有幾個文字長得和大多數的文字**不一樣**，請把它們圈起來。

材	材	村	材	材	材	材	付
材	材	材	材	村	材	朮	材
村	材	付	材	材	材	材	材
材	朮	材	材	材	付	材	材
材	材	村	材	材	材	材	朮
材	付	材	材	材	村	材	材
材	材	材	材	材	朮	材	材
朮	材	村	付	材	材	材	材

提示：
1. 仔細看，哪幾個文字特別不一樣？
2. 找到了嗎？指出來看看。
3. 再檢查一次，哪些不一樣。

自己的表現 ☺ ☺ ☹
觀察者評語 ☺ ☺ ☹

文字區辨

尋找遊戲 16

下面有許多文字，但有幾個文字長得和大多數的文字**不一樣**，請把它們圈起來。

楊	楊	楊	揚	楊	楊	楊	湯
湯	楊	楊	揚	楊	楊	楊	楊
楊	楊	楊	楊	楊	楊	楊	湯
楊	陽	楊	楊	揚	楊	楊	楊
楊	湯	楊	陽	楊	楊	楊	揚
楊	楊	楊	楊	楊	楊	楊	楊
楊	陽	楊	楊	楊	湯	楊	楊
揚	楊	楊	湯	楊	楊	楊	楊

提示：
1. 仔細看，哪幾個文字特別不一樣？
2. 找到了嗎？指出來看看。
3. 再檢查一次，哪些不一樣。

自己的表現 ☺ ☻ ☹
觀察者評語 ☺ ☻ ☹

快寫遊戲 1

請按照表格上排的注音，逐字仿寫在表格下排，寫得愈快愈好，
看看你在三分鐘之內，可以完成幾個注音。

ㄅ	ㄆ	ㄇ	ㄈ	ㄉ	ㄊ	ㄋ	ㄌ	ㄍ	ㄎ	ㄏ

ㄑ	ㄒ	ㄧ	ㄨ	ㄩ	ㄚ	ㄛ	ㄜ	ㄝ	ㄞ	ㄟ

ㄐ	ㄠ	ㄡ	ㄦ							

我在三分鐘內完成〔　　　〕個注音

書寫速度

提示：
1. 請注意每個書寫的注音是什麼。
2. 一個一個寫，不要漏掉喔！

| 自己的表現 ☺ ☹ ☹ |
| 觀察者評語 ☺ ☹ ☹ |

快寫遊戲 2

請按照表格上排的文字，逐字仿寫在表格下排，寫得愈快愈好，看看你在三分鐘之內，可以完成幾個字。

一	二	三	四	五	六	七	八	九	十	一

二	三	四	五	六	七	八	九	十	一	二

三	四	五	六	七	八	九	十	一	二	三

我在三分鐘內完成〔　　　〕個字

書寫速度

提示：
1. 請注意每個書寫的文字是什麼。
2. 一個一個寫，不要漏掉喔！

自己的表現 ☺ ☺ ☹
觀察者評語 ☺ ☺ ☹

快寫遊戲 3

請按照表格上排的文字，逐字仿寫在表格下排，寫得愈快愈好，看看你在三分鐘之內，可以完成幾個字。

的	一	是	不	在	有	人	以	了	為	中

大	這	上	時	年	可	我	個	來	他	會

出	國	也	生	到	字	作	能	自	用	要

書寫速度

我在三分鐘內完成〔　　　〕個字

提示：
1. 請注意每個書寫的文字是什麼。
2. 一個一個寫，不要漏掉喔！

自己的表現 ☺ ☺ ☹
觀察者評語 ☺ ☺ ☹

快寫遊戲 4

請按照表格上排的文字，逐字仿寫在表格下排，寫得愈快愈好，看看你在三分鐘之內，可以完成幾個字。

書寫速度

於	成	多	後	地	就	對	家	得	所	知

行	現	如	過	們	下	性	然	發	動	者

心	美	最	子	其	當	前	因	新	都	方

我在三分鐘內完成〔　　　〕個字

提示：
1. 請注意每個書寫的文字是什麼。
2. 一個一個寫，不要漏掉喔！

自己的表現 ☺ ☺ ☹
觀察者評語 ☺ ☺ ☹

今天是　　月　　日，我玩了這個遊戲。

快寫遊戲 5

請按照表格上排的文字，逐字仿寫在表格下排，寫得愈快愈好，看看你在三分鐘之內，可以完成幾個字。

經	體	十	本	力	此	說	外	日	分	面

但	公	小	好	車	事	高	情	種	著	使

法	學	畫	開	式	主	間	理	三	代	天

我在三分鐘內完成〔　　〕個字

書寫速度

提示：
1.請注意每個書寫的文字是什麼。
2.一個一個寫，不要漏掉喔！

自己的表現 ☺ ☺ ☹
觀察者評語 ☺ ☺ ☹

快寫遊戲 6

請按照表格上排的文字，逐字仿寫在表格下排，寫得愈快愈好，看看你在三分鐘之內，可以完成幾個字。

書寫速度

文	無	看	二	相	場	全	重	位	或	工

表	由	意	加	定	只	影	特	展	那	進

去	等	球	已	起	長	還	世	手	物	更

我在三分鐘內完成〔　　　〕個字

提示：
1. 請注意每個書寫的文字是什麼。
2. 一個一個寫，不要漏掉喔！

自己的表現	☺	☺	☹
觀察者評語	☺	☺	☹

今天是　　月　　日，我玩了這個遊戲。

快寫遊戲 7

請按照表格上排的文字，逐字仿寫在表格下排，寫得愈快愈好，看看你在三分鐘之內，可以完成幾個字。

名	合	想	活	感	月	明	從	果	樂	點

常	道	她	色	第	身	目	沒	正	市	提

雨	期	四	光	麼	至	風	比	音	路	金

我在三分鐘內完成〔　　　〕個字

提示：
1. 請注意每個書寫的文字是什麼。
2. 一個一個寫，不要漏掉喔！

自己的表現 ☺ ☺ ☹
觀察者評語 ☺ ☺ ☹

今天是　　月　　日，我玩了這個遊戲。

快寫遊戲 8

請按照表格上排的文字，逐字仿寫在表格下排，寫得愈快愈好，看看你在三分鐘之內，可以完成幾個字。

書寫速度

音	路	金	樣	再	己	演	次	原	水	五

受	設	界	你	打	立	西	接	才	氣	和

愛	傳	空	安	九	造	數	海	又	被	做

我在三分鐘內完成〔　　　〕個字

提示：
1. 請注意每個書寫的文字是什麼。
2. 一個一個寫，不要漏掉喔！

自己的表現 ☺ ☺ ☹
觀察者評語 ☺ ☺ ☹

快寫遊戲 9

請按照表格上排的文字，逐字仿寫在表格下排，寫得愈快愈好，
看看你在三分鐘之內，可以完成幾個字。

書寫速度

兩	想	她	合	只	種	名	關	果	化	水

或	路	已	產	提	道	問	目	度	還	更

我在三分鐘內完成〔　　　〕個字

提示：
1. 請注意每個書寫的文字是什麼。
2. 一個一個寫，不要漏掉喔！

自己的表現 ☺ ☺ ☹
觀察者評語 ☺ ☺ ☹

快寫遊戲 10

請按照表格上排的文字，逐字仿寫在表格下排，寫得愈快愈好，看看你在三分鐘之內，可以完成幾個字。

書寫速度

體	去	政	員	點	還	進	很	內	沒	司

金	相	那	五	無	意	實	月	等	麼	重

我在三分鐘內完成〔　　　〕個字

提示：
1. 請注意每個書寫的文字是什麼。
2. 一個一個寫，不要漏掉喔！

自己的表現	☺	☺	☹
觀察者評語	☺	☺	☹

快寫遊戲 11

請按照表格上排的文字，逐字仿寫在表格下排，寫得愈快愈好，看看你在三分鐘之內，可以完成幾個字。

※由教師或家長自行命題

書寫速度

我在三分鐘內完成〔　　　〕個字

提示：
1. 請注意每個書寫的文字是什麼。
2. 一個一個寫，不要漏掉喔！

自己的表現 ☺ ☻ ☹
觀察者評語 ☺ ☻ ☹

快寫遊戲 12

請按照表格上排的文字，逐字仿寫在表格下排，寫得愈快愈好，
看看你在三分鐘之內，可以完成幾個字。

※由教師或家長自行命題

書寫速度

我在三分鐘內完成〔　　〕個字

提示：
1. 請注意每個書寫的文字是什麼。
2. 一個一個寫，不要漏掉喔！

自己的表現	☺	☺	☹
觀察者評語	☺	☺	☹

語詞遊戲 1

請仔細觀察提示語詞，想想看它們有什麼**共同特性**，再從選項語詞中選出性質一樣的語詞。

提示語詞

| 鉛筆 | 課本 | 書包 | 橡皮擦 |

選項語詞

| 直尺 | 可樂 | 糖果 | 襪子 |

語詞歸類

提示：
1. 請仔細閱讀提示的語詞。
2. 想想看，再從選項語詞裡選出一個。
3. 不會的語詞，趕快查字典喔！

| 自己的表現 | ☺ | ☺ | ☹ |
| 觀察者評語 | ☺ | ☺ | ☹ |

語詞遊戲 2

請仔細觀察提示語詞，想想看它們有什麼**共同特性**，再從選項語詞中選出性質一樣的語詞。

提示語詞

| 外套 | 裙子 | 褲子 | 背心 |

語詞歸類

選項語詞

| 棉被 | 枕頭 | 毛衣 | 被單 |

提示：
1. 請仔細閱讀提示的語詞。
2. 想想看，再從選項語詞裡選出一個。
3. 不會的語詞，趕快查字典喔！

自己的表現 ☺ ☺ ☹
觀察者評語 ☺ ☺ ☹

語詞遊戲 3

請仔細觀察提示語詞，想想看它們有什麼**共同特性**，再從選項語詞中選出性質一樣的語詞。

提示語詞

蘋果	香蕉	西瓜	橘子

選項語詞

漢堡	饅頭	豆漿	檸檬

語詞歸類

提示：
1. 請仔細閱讀提示的語詞。
2. 想想看，再從選項語詞裡選出一個。
3. 不會的語詞，趕快查字典喔！

自己的表現	☺	☺	☹
觀察者評語	☺	☺	☹

語詞遊戲 4

請仔細觀察提示語詞，想想看它們有什麼**共同特性**，再從選項語詞中選出性質一樣的語詞。

提示語詞

| 玉米 | 高麗菜 | 蘿蔔 | 豆芽菜 |

選項語詞

| 菠菜 | 羊肉 | 炒麵 | 粽子 |

語詞歸類

提示：

1. 請仔細閱讀提示的語詞。
2. 想想看，再從選項語詞裡選出一個。
3. 不會的語詞，趕快查字典喔！

自己的表現 ☺ ☺ ☹
觀察者評語 ☺ ☺ ☹

語詞遊戲 5

請仔細觀察提示語詞，想想看它們有什麼**共同特性**，再從選項語詞中選出性質一樣的語詞。

提示語詞

老虎	綿羊	獅子	水牛

選項語詞

鴿子	兔子	鸚鵡	老鷹

提示：
1. 請仔細閱讀提示的語詞。
2. 想想看，再從選項語詞裡選出一個。
3. 不會的語詞，趕快查字典喔！

自己的表現 ☺ ☺ ☹
觀察者評語 ☺ ☺ ☹

語詞歸類

語詞遊戲 6

請仔細觀察提示語詞，想想看它們有什麼**共同特性**，再從選項語詞中選出性質一樣的語詞。

提示語詞

| 玫瑰花 | 康乃馨 | 百合花 | 菊花 |

選項語詞

| 松樹 | 楓葉 | 含羞草 | 鬱金香 |

語詞歸類

提示：
1. 請仔細閱讀提示的語詞。
2. 想想看，再從選項語詞裡選出一個。
3. 不會的語詞，趕快查字典喔！

自己的表現 ☺ 😐 ☹
觀察者評語 ☺ 😐 ☹

語詞遊戲 7

請仔細觀察提示語詞，想想看它們有什麼**共同特性**，再從選項語詞中選出性質一樣的語詞。

提示語詞

| 跑步 | 游泳 | 跳高 | 跳遠 |

選項語詞

| 睡覺 | 體操 | 吃飯 | 寫字 |

語詞歸類

提示：
1. 請仔細閱讀提示的語詞。
2. 想想看，再從選項語詞裡選出一個。
3. 不會的語詞，趕快查字典喔！

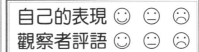

自己的表現 ☺ ☺ ☹
觀察者評語 ☺ ☺ ☹

語詞遊戲 8

請仔細觀察提示語詞，想想看它們有什麼**共同特性**，再從選項語詞中選出性質一樣的語詞。

提示語詞

| 心臟 | 大腦 | 肝臟 | 腎臟 |

語詞歸類

選項語詞

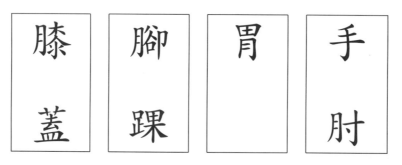

| 膝蓋 | 腳踝 | 胃 | 手肘 |

提示：
1. 請仔細閱讀提示的語詞。
2. 想想看，再從選項語詞裡選出一個。
3. 不會的語詞，趕快查字典喔！

自己的表現 ☺ ☺ ☹
觀察者評語 ☺ ☺ ☹

語詞遊戲 9

請仔細觀察提示語詞，想想看它們有什麼**共同特性**，再從選項語詞中選出性質一樣的語詞。

提示語詞

| 快樂 | 悲傷 | 憤怒 | 高興 |

選項語詞

| 生病 | 疲倦 | 喜悅 | 頭痛 |

語詞歸類

提示：
1. 請仔細閱讀提示的語詞。
2. 想想看，再從選項語詞裡選出一個。
3. 不會的語詞，趕快查字典喔！

自己的表現 ☺ ☹ ☹
觀察者評語 ☺ ☹ ☹

171

語詞遊戲 10

請仔細觀察提示語詞，想想看它們有什麼**共同特性**，再從選項語詞中選出性質一樣的語詞。

語詞歸類

提示語詞

| 需要 | 歡迎 | 拒絕 | 接受 |

選項語詞

| 哭泣 | 需求 | 流淚 | 悲傷 |

提示：
1. 請仔細閱讀提示的語詞。
2. 想想看，再從選項語詞裡選出一個。
3. 不會的語詞，趕快查字典喔！

自己的表現 ☺ ☺ ☹
觀察者評語 ☺ ☺ ☹

語詞遊戲 11

請仔細觀察提示語詞，想想看它們有什麼**共同特性**，再從選項語詞中選出性質一樣的語詞。

提示語詞

說話	散步	爬行

選項語詞

翻滾	思考	想像	創意

提示：
1. 請仔細閱讀提示的語詞。
2. 想想看，再從選項語詞裡選出一個。
3. 不會的語詞，趕快查字典喔！

自己的表現 ☺ ☺ ☹
觀察者評語 ☺ ☺ ☹

語詞歸類

語詞遊戲 12

請仔細觀察提示語詞，想想看它們有什麼**共同特性**，再從選項語詞中選出性質一樣的語詞。

提示語詞

簡單	輕鬆	困難

選項語詞

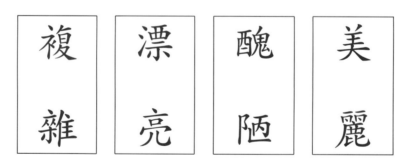

複雜	漂亮	醜陋	美麗

提示：
1. 請仔細閱讀提示的語詞。
2. 想想看，再從選項語詞裡選出一個。
3. 不會的語詞，趕快查字典喔！

自己的表現 ☺ ☺ ☹
觀察者評語 ☺ ☺ ☹

語詞歸類

圖像概念推理遊戲 1

請仔細閱讀提示的敘述，再根據句子的描述，找出選項中符合的圖形。

提示

①正方形的右邊是一個三角形。

②三角形裡面有一個星星。

③正方形比三角形還大。

選項

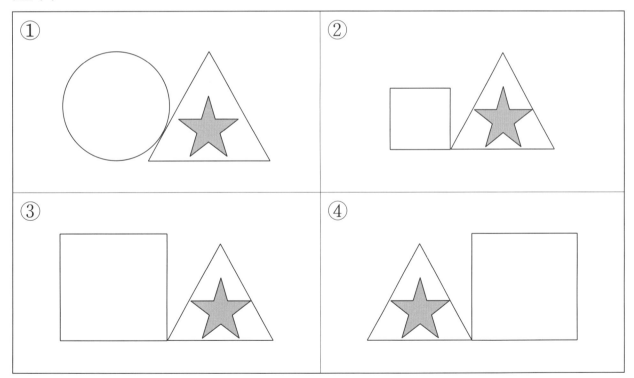

按照提示的敘述，你應該選擇的答案是③，只有這個選項能符合所有的敘述。

自己的表現 ☺ ☺ ☹
觀察者評語 ☺ ☺ ☹

語文圖像概念

175

今天是　　月　　日，我玩了這個遊戲。

圖像概念推理遊戲 2

請仔細閱讀提示的敘述，再根據句子的描述，找出選項中符合的圖形。

提示

①正方形的右邊是一個梯形。

②梯形裡面有一個圓形。

③梯形是由虛線所構成的。

選項

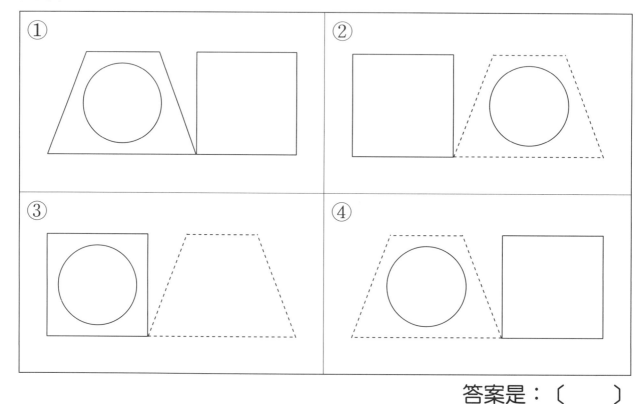

答案是：〔　　〕

仔細讀提示，你該選擇哪個答案呢？

自己的表現 ☺ ☺ ☹
觀察者評語 ☺ ☺ ☹

圖像概念推理遊戲 3

請仔細閱讀提示的敘述，再根據句子的描述，找出選項中符合的圖形。

提示

①星星的左邊是正方形，右邊是長方形。

②長方形的左邊是一個星星，長方形的內部被斜線填滿。

③正方形是虛線所構成的。

選項

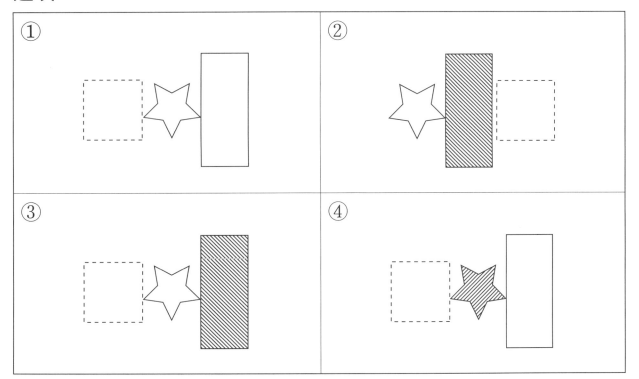

答案是：〔　　　〕

仔細讀提示，你該選擇哪個答案呢？

| 自己的表現 ☺ ☹ ☹ |
| 觀察者評語 ☺ ☹ ☹ |

 今天是　　月　　日，我玩了這個遊戲。

圖像概念推理遊戲 4

請仔細閱讀提示的敘述，再根據句子的描述，找出選項中符合的圖形。

提示

①有兩個長方形，一大一小疊在一起。

②長方形的上面是一個三角形，三角形裡面被格子填滿。

③小的長方形由虛線構成，大的長方形被斜線填滿。

選項

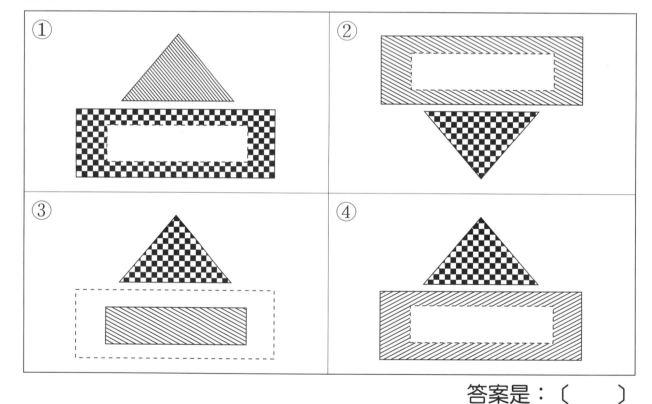

答案是：〔　　　〕

仔細讀提示，你該選擇哪個答案呢？

自己的表現 ☺ ☺ ☹
觀察者評語 ☺ ☺ ☹

圖像概念推理遊戲 5

請仔細閱讀提示的敘述，再根據句子的描述，找出選項中符合的圖形。

提示

①有兩個圓形，一大一小疊在一起。

②圓形的下面是一個六邊形，六邊形裡面被格子填滿。

③大的圓形由虛線構成，小的圓形被橫線填滿。

選項

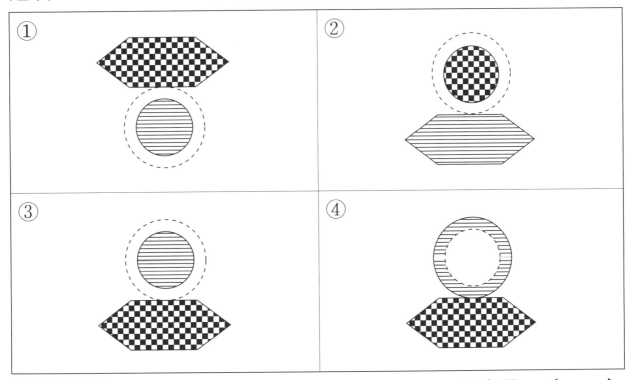

答案是：〔　　　〕

仔細讀提示，你該選擇哪個答案呢？

自己的表現	☺	☹	☹
觀察者評語	☺	☹	☹

語文圖像概念

179

圖像概念推理遊戲 6

請仔細閱讀提示的敘述，再根據句子的描述，找出選項中符合的圖形。

提示

①有三個三角形相接，中間的三角形被小黑點填滿了。

②三角形的上下方都各有一個被長方格子填滿的橢圓形。

③三角形上方的橢圓形比下方的橢圓形小。

選項

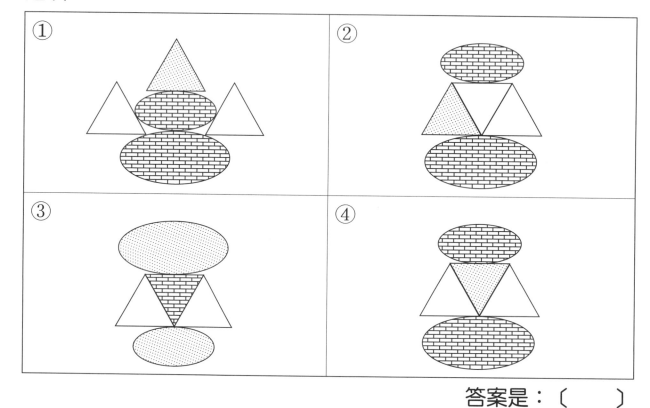

答案是：〔　　　〕

仔細讀提示，你該選擇哪個答案呢？

自己的表現	☺ ☺ ☹
觀察者評語	☺ ☺ ☹

語文圖像概念

圖像概念推理遊戲 7

請仔細閱讀提示的敘述，再根據句子的描述，找出選項中符合的圖形。

提示

①有三個菱形相接，菱形的左右兩邊各有一個星星。

②菱形的上方有一個虛線構成的三角形，下面有一個梯形。

③中間的菱形被格子填滿，左邊的星星是虛線構成的。

選項

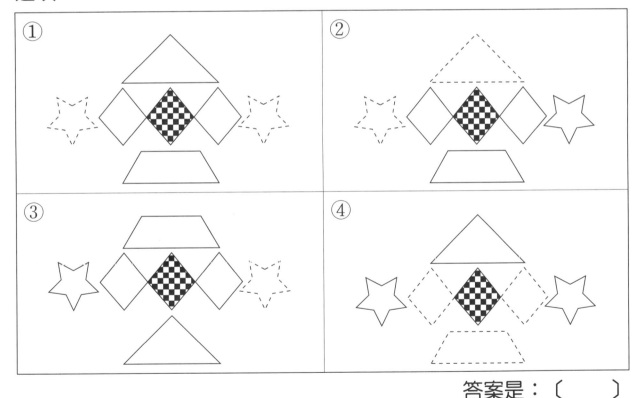

答案是：〔　　　〕

仔細讀提示，你該選擇哪個答案呢？

自己的表現 ☺ ☺ ☹
觀察者評語 ☺ ☺ ☹

語文圖像概念

今天是　　月　　日，我玩了這個遊戲。

圖像概念推理遊戲 8

請仔細閱讀提示的敘述，再根據句子的描述，找出選項中符合的圖形。

提示

①兩條平行的橫線夾著一個圓形，上方的橫線是虛線。

②圓形的左右兩邊各有一個菱形，圓形裡面有個三角形。

③菱形和三角形都被直線給填滿了。

選項

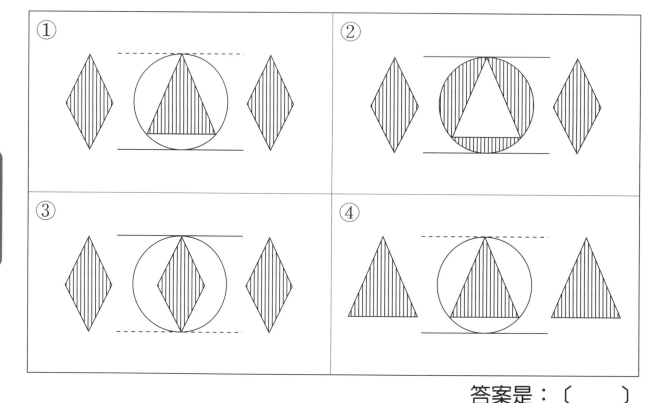

答案是：〔　　　〕

仔細讀提示，你該選擇哪個答案呢？

自己的表現 ☺ ☺ ☹
觀察者評語 ☺ ☺ ☹

圖像概念推理遊戲 9

請仔細閱讀提示的敘述，再根據句子的描述，找出選項中符合的圖形。

提示

①兩個三角形相連成一個大三角形，左邊的三角形是灰色的。

②三角形的下方是兩條平行的虛線，左方有一個星形。

③三角形的右邊是一個裡面有灰色心形的正方形。

選項

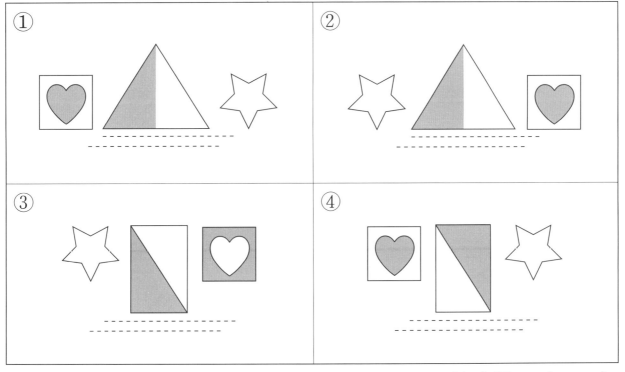

答案是：〔　　　〕

仔細讀提示，你該選擇哪個答案呢？

自己的表現 ☺ ☺ ☹
觀察者評語 ☺ ☺ ☹

語文圖像概念

圖像概念推理遊戲 10

請仔細閱讀提示的敘述，再根據句子的描述，找出選項中符合的圖形。

提示

①兩個三角形相連成一個正方形，左邊的三角形被格子填滿。

②正方形的下方是兩個梯形，右邊的梯形是虛線構成的。

③正方形的左邊是太陽，右邊是月亮，上方是一個同心圓。

選項

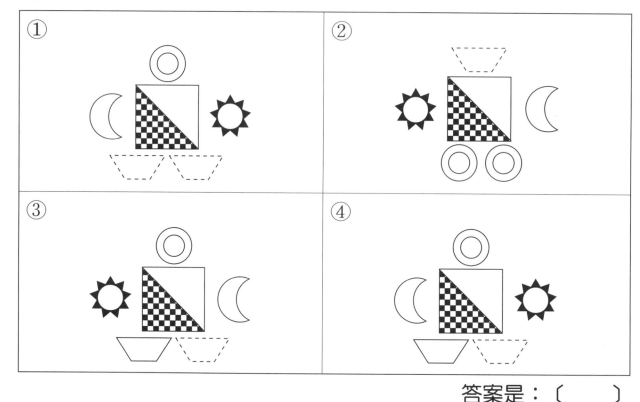

答案是：〔　　　〕

仔細讀提示，你該選擇哪個答案呢？

自己的表現	☺ ☺ ☹
觀察者評語	☺ ☺ ☹

語文圖像概念

圖像概念推理遊戲 11

請仔細閱讀提示的敘述，再根據句子的描述，找出選項中符合的圖形。

提示

①三個圓形相連在一起，中間的圓形被格子填滿。

②圓形的左右兩邊各有一個月亮，都是虛線構成的。

③圓形上下各有兩個三角形，但上面的三角形被直線填滿。

選項

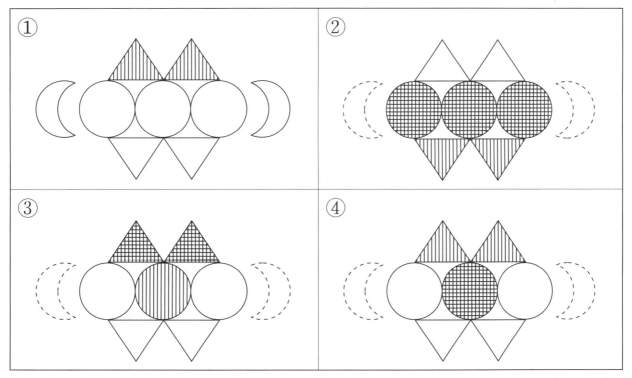

答案是：〔　　　〕

仔細讀提示，你該選擇哪個答案呢？

自己的表現	☺	☹	☹
觀察者評語	☺	☹	☹

語文圖像概念

今天是　　月　　日，我玩了這個遊戲。

圖像概念推理遊戲 12

請仔細閱讀提示的敘述，再根據句子的描述，找出選項中符合的圖形。

提示

①三個菱形相連在一起，左右兩邊的菱形被波浪線填滿。

②菱形的上下各有兩個同心圓，但左邊是虛線構成的。

③菱形的左右各有一條直線，但右邊是虛線構成的。

選項

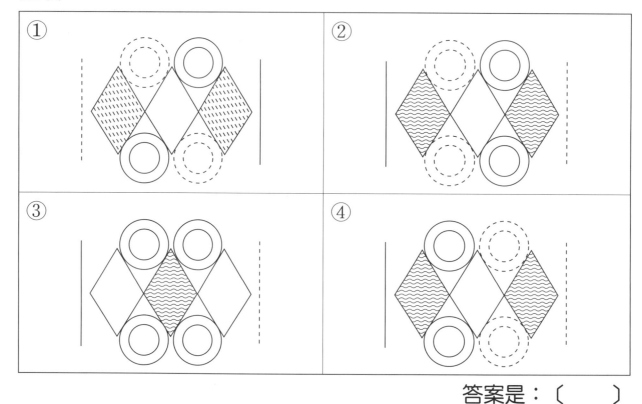

答案是：〔　　　〕

仔細讀提示，你該選擇哪個答案呢？

自己的表現 ☺ ☺ ☹
觀察者評語 ☺ ☺ ☹

今天是 　月　　日，我玩了這個遊戲。

圖像概念推理遊戲 13

請仔細閱讀提示的敘述，再根據句子的描述，找出選項中符合的圖形。

提示

①三個正方形相連，左右兩邊的正方形被波浪線填滿。

②正方形的上下各有兩個三角形，但右邊是虛線構成的。

③正方形的左右各有一個同心圓，但左邊是虛線構成的。

選項

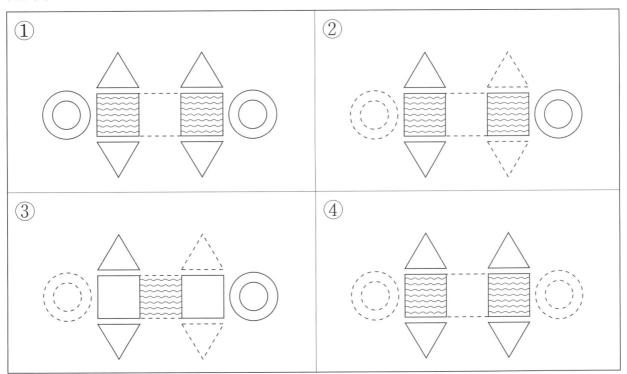

答案是：〔　　　〕

仔細讀提示，你該選擇哪個答案呢？

自己的表現	☺	☺	☹
觀察者評語	☺	☺	☹

圖像概念推理遊戲 14

請仔細閱讀提示的敘述，再根據句子的描述，找出選項中符合的圖形。

提示

①左右各有兩個菱形相連的圖形，上面的菱形是虛線。

②中間有一個橢圓形，橢圓形中間有兩條線交叉成一個十字。

③橢圓形上下各有一個五邊形，下面的五邊形被格子所填滿。

選項

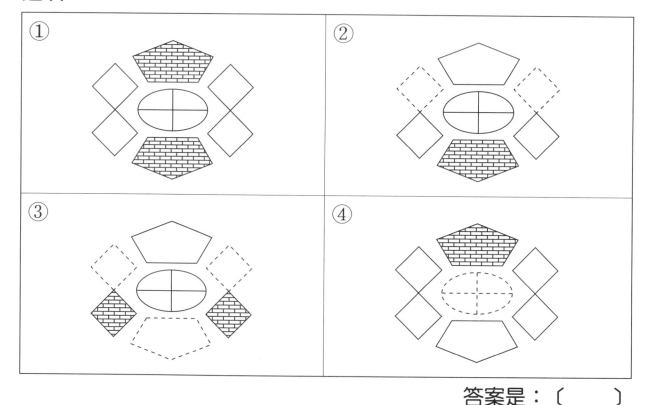

答案是：〔　　　〕

仔細讀提示，你該選擇哪個答案呢？

自己的表現	☺	☺	☹
觀察者評語	☺	☺	☹

圖像概念推理遊戲 15

請仔細閱讀提示的敘述，再根據句子的描述，找出選項中符合的圖形。

提示

①實線圓形的上下左右各有一個虛線構成的五邊形。

②圓形裡面有一個菱形，菱形被波浪線填滿。

③每兩個五邊形中間，還有一個同心圓。

選項

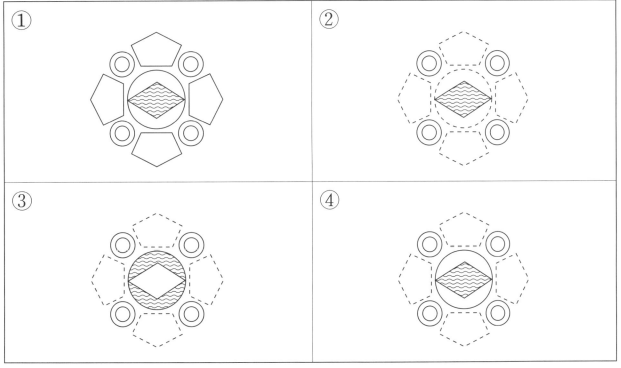

答案是：〔　　　〕

仔細讀提示，你該選擇哪個答案呢？

自己的表現 ☺ ☺ ☹
觀察者評語 ☺ ☺ ☹

語文圖像概念

圖像概念推理遊戲 16

請仔細閱讀提示的敘述，再根據句子的描述，找出選項中符合的圖形。

提示

①兩個被虛線填滿的十字，中間夾著一個虛線構成的六邊形。

②六邊形的上方有一個被小黑點填滿的三角形。

③六邊形的下方有兩條曲線，曲線的右方有一顆灰色星星。

選項

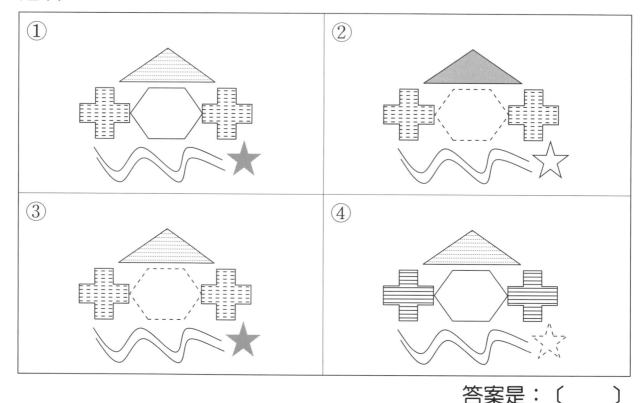

答案是：〔　　　〕

仔細讀提示，你該選擇哪個答案呢？

自己的表現 ☺ ☺ ☹
觀察者評語 ☺ ☺ ☹

語文圖像概念

今天是 　月　 日，我玩了這個遊戲。

圖像概念推理遊戲 17

請仔細閱讀提示的敘述，再根據句子的描述，找出選項中符合的圖形。

提示

①兩個虛線構成的三角形組成菱形，分別在八邊形的左右兩邊。

②八邊形的裡面有一個灰色的太陽。

③八邊形的上下兩邊各有一個拱形，拱形被小黑點填滿。

選項

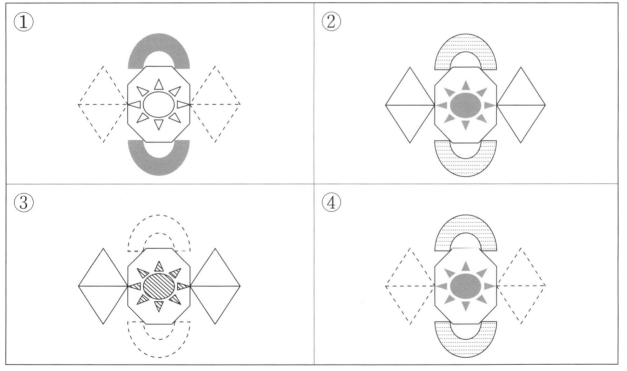

答案是：〔　　　〕

仔細讀提示，你該選擇哪個答案呢？

| 自己的表現 | ☺ | ☺ | ☹ |
| 觀察者評語 | ☺ | ☺ | ☹ |

語文圖像概念

圖像概念推理遊戲 18

請仔細閱讀提示的敘述，再根據句子的描述，找出選項中符合的圖形。

提示

①四個相連的同心圓，被一條橫向的箭號穿過。

②每個同心圓的上方都有灰色三角形，下方有梯形。

③梯形被灰格子填滿，三角形上方有兩條虛線曲線。

選項

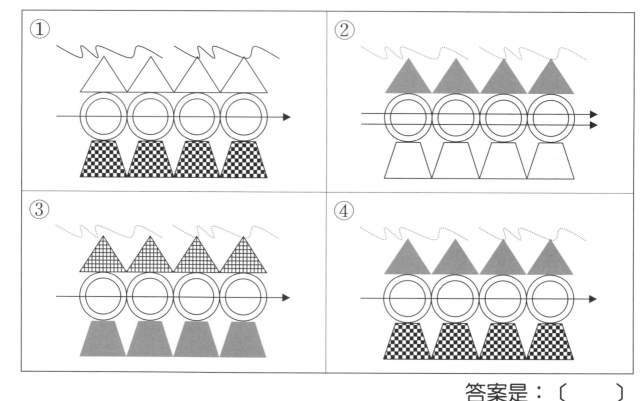

答案是：〔　　〕

仔細讀提示，你該選擇哪個答案呢？

自己的表現 ☺ ☺ ☹
觀察者評語 ☺ ☺ ☹

語文圖像概念

今天是　　月　　日，我玩了這個遊戲。

圖像概念推理遊戲 19

請仔細閱讀提示的敘述，再根據句子的描述，找出選項中符合的圖形。

提示

①三條橫向箭號並排，箭號左右各有一個灰色中空的同心圓。

②箭號上方有個被灰格子填滿的菱形，菱形左右各有一個拱形。

③左邊的同心圓是虛線構成的，三條箭號的中間那條也是虛線。

選項

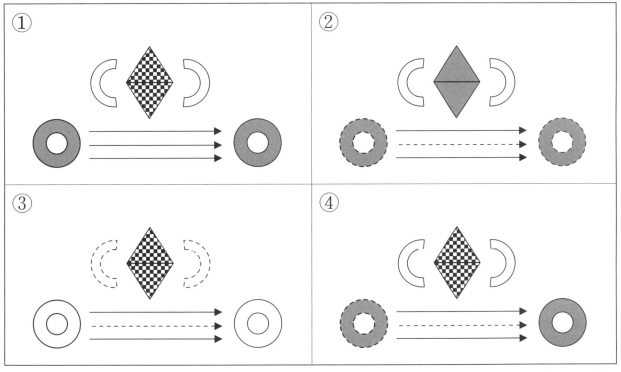

答案是：〔　　　〕

仔細讀提示，你該選擇哪個答案呢？

自己的表現 ☺ ☺ ☹
觀察者評語 ☺ ☺ ☹

語文圖像概念

今天是　　月　　日，我玩了這個遊戲。

圖像概念推理遊戲 20

請仔細閱讀提示的敘述，再根據句子的描述，找出選項中符合的圖形。

提示

①圖的中間是內部斜線的波浪形，上下各有四條斜線。

②波浪形的右邊是上下兩個同心圓，下面的同心圓是虛線。

③波浪形的左邊是一個灰色的梯形，梯形裡有一條彎曲虛線。

選項

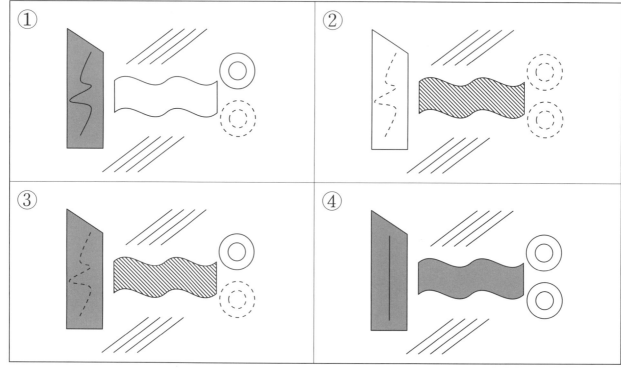

答案是：〔　　　〕

仔細讀提示，你該選擇哪個答案呢？

| 自己的表現 ☺ ☹ ☹ |
| 觀察者評語 ☺ ☹ ☹ |

語文圖像概念

今天是　　月　　日，我玩了這個遊戲。

語句搜尋遊戲 1

請依照搜尋密碼，在仔細閱讀例句後，圈出例句中的關鍵詞。
同時在題目中勾選出符合例句文意的選項。

搜尋密碼：人物

例句：今天是星期天，早上媽媽帶我和弟弟去菜市場買菜，要準備
　　　中午豐盛的午餐。

題目：請找出符合上述文句意義的選項

① （　　）我星期天和爸爸媽媽去菜市場買菜。

② （　　）星期天中午要在家吃午餐。

③ （　　）媽媽買菜要準備明天的午餐。

④ （　　）星期一晚上媽媽要準備豐盛的午餐。

語句搜尋

仔細想想看，人物可以包含哪些？
人名和稱謂都算是喔！

自己的表現 ☺ ☺ ☹
觀察者評語 ☺ ☺ ☹

語句搜尋遊戲 2

請依照搜尋密碼，在仔細閱讀例句後，圈出例句中的關鍵詞。
同時在題目中勾選出符合例句文意的選項。

搜尋密碼：時間

例句：今天是星期天，早上媽媽帶我和弟弟去菜市場買菜，要準備
　　　中午豐盛的午餐。

題目：請找出符合上述文句意義的選項

　　①（　）我星期天和爸爸去菜市場買菜。

　　②（　）星期天中午要在家吃飯。

　　③（　）媽媽買菜要準備明天的午餐。

　　④（　）星期一晚上媽媽要準備豐盛的午餐。

仔細想想看，時間可以包含哪些？
日期和時段都算是喔！

自己的表現 ☺ ☺ ☹
觀察者評語 ☺ ☺ ☹

今天是　　月　　日，我玩了這個遊戲。

語句搜尋遊戲 3

請依照搜尋密碼，在仔細閱讀例句後，圈出例句中的關鍵詞。
同時在題目中勾選出符合例句文意的選項。

搜尋密碼：動作

例句：今天是星期一，我在早上六點半起床，換了體育課的運動服
　　　裝，吃完早餐後，爸爸開車載我到學校。

題目：請找出符合上述文句意義的選項

　　①（　）我星期一早上六點半上學。
　　②（　）星期一有體育課，所以應該穿運動服裝去學校。
　　③（　）星期一爸爸載我去學校吃早餐。
　　④（　）我起床後吃媽媽做的早餐，媽媽就帶我去學校。
　　⑤（　）我吃過早餐後，由爸爸帶我去學校上課。

仔細想想看，動作可以包含哪些？
做的事情都算是喔！

自己的表現 ☺ ☺ ☹
觀察者評語 ☺ ☺ ☹

語句搜尋

197

語句搜尋遊戲 4

請依照搜尋密碼，在仔細閱讀例句後，圈出例句中的關鍵詞。
同時在題目中勾選出符合例句文意的選項。

搜尋密碼：物品

例句：媽媽在整理房間的時候，整理出一堆舊東西，有娃娃鞋、小布偶、小髮夾、小皮包等等。原來這些都是我以前小時候穿過、用過的。

題目：請找出符合上述文句意義的選項
　　①（　　）媽媽整理房間時，拿出她以前穿過的鞋子。
　　②（　　）我小時候喜歡穿娃娃鞋。
　　③（　　）小時候我有各種不同的衣服。
　　④（　　）媽媽喜歡把她的小鞋子放在房間裡。
　　⑤（　　）媽媽整理房間時，拿出我以前穿的鞋子和用品。

仔細想想看，物品可以包含哪些？
只要是日常用品都算喔！

自己的表現	☺	☺	☹
觀察者評語	☺	☺	☹

語句搜尋遊戲 5

請依照搜尋密碼，在仔細閱讀例句後，圈出例句中的關鍵詞。
同時在題目中勾選出符合例句文意的選項。

搜尋密碼：地點

例句：假日，阿福帶著小狗到鄉間遊玩。在池塘裡捉青蛙、到果園
　　　裡摘水果、在稻田裡捉蜻蜓。累了，阿福就靠在大樹下休
　　　息，不知不覺就睡著了。

題目：請找出符合上述文句意義的選項
　　　① (　　) 阿福和小黃兩個人一起去鄉間玩。
　　　② (　　) 阿福帶著小狗跑去大樹下睡覺。
　　　③ (　　) 阿福玩累了，不小心在大樹下睡著了。
　　　④ (　　) 阿福經過了池塘、果園和稻田，並在大樹下睡覺。
　　　⑤ (　　) 阿福帶著狗去山上玩，而且在大樹下休息。

仔細想想看，地點可以包含哪些？
只要是去過的地方都算喔！

自己的表現 ☺ ☺ ☹
觀察者評語 ☺ ☺ ☹

語句搜尋

語句搜尋遊戲 6

請依照搜尋密碼，在仔細閱讀例句後，圈出例句中的關鍵詞。
同時在題目中勾選出符合例句文意的選項。

搜尋密碼：動物

> 例句：在河邊，三三兩兩的牛羊正低著頭吃草。一陣風吹過，送來
> 迷人的花香，伴著蝴蝶飛舞。河邊有塊大石頭，上面停留著
> 幾隻小蜻蜓。

題目：請找出符合上述文句意義的選項

① （　）河邊有三十三頭牛和二十二頭羊。
② （　）河邊有幾隻牛羊正在吃草。
③ （　）河邊有個大石頭，石頭上有小蜻蜓。
④ （　）風是有香味的，從海邊吹過來。
⑤ （　）蝴蝶在有花香的風中飛舞。

仔細想想看，動物可以包含哪些？
昆蟲也算是喔！

自己的表現 ☺ ☺ ☹
觀察者評語 ☺ ☺ ☹

語句搜尋

今天是 　月　 日，我玩了這個遊戲。

語句搜尋遊戲 7

請依照搜尋密碼，在仔細閱讀例句後，圈出例句中的關鍵詞。
同時在題目中勾選出符合例句文意的選項。

搜尋密碼：地點

例句：台南的安平古堡最早稱為熱蘭遮城，是由荷蘭人所建造的。
　　　後來，鄭成功來台灣後趕走了荷蘭人，在安平一帶開墾定居
　　　後，安平古堡就成為當時的軍事要地。

題目：請找出符合上述文句意義的選項
　　①（　　）安平古堡比熱蘭遮城還要早建造。
　　②（　　）熱蘭遮城是由荷蘭人所建造的。
　　③（　　）鄭成功為了建造安平古堡，趕走了荷蘭人。
　　④（　　）安平古堡在當時是軍事重地，可以防止敵人入侵。
　　⑤（　　）荷蘭人怕被趕走，所以建造熱蘭遮城當軍事重地。

語句搜尋

仔細想想看，地點可以包含哪些？
只要是特定地方都算喔！

自己的表現 ☺ ☺ ☹
觀察者評語 ☺ ☺ ☹

語句搜尋遊戲 8

請依照搜尋密碼，在仔細閱讀例句後，圈出例句中的關鍵詞。
同時在題目中勾選出符合例句文意的選項。

搜尋密碼：地點

> 例句：鹿港著名的景點之一是九曲巷。它的構造彎彎曲曲的，若是
> 走在巷子裡，就跟玩捉迷藏一樣。九曲巷的重要功能除了可
> 以防風外，還可以防止海盜入侵民宅。

題目：請找出符合上述文句意義的選項

① （　　）九曲巷是鹿港的觀光景點之一。
② （　　）鹿港風很大，因此九曲巷具有防風的功能。
③ （　　）海盜喜歡趁風大時，跑進九曲巷裡玩捉迷藏。
④ （　　）九曲巷常遭受海盜入侵，因此要建立鹿港來預防。
⑤ （　　）來鹿港時可以玩捉迷藏。

語句搜尋

仔細想想看，地點可以包含哪些？
只要是特定地方都算喔！

自己的表現 ☺ ☺ ☹
觀察者評語 ☺ ☺ ☹

語句搜尋遊戲 9

請依照搜尋密碼，在仔細閱讀例句後，圈出例句中的關鍵詞。
同時在題目中勾選出符合例句文意的選項。

搜尋密碼：動作

例句：小華生病了！他一直打噴嚏，並走到隔壁巷子的診所。在填寫資料掛號後，醫生拿出聽診器，在阿華的胸部、背部、腹部仔細的聽著，好像阿華的身體正在告訴醫生一些秘密。

題目：請找出符合上述文句意義的選項
①（　）阿華走到隔壁巷子裡，開始打噴嚏。
②（　）阿華可能感冒了，所以到隔壁巷子的診所就醫。
③（　）醫生會用聽診器聽阿華說話。
④（　）阿華的胸部、背部和腹部都會發出怪聲音。
⑤（　）醫生利用聽診器仔細聽阿華的身體裡是否有雜音。

仔細想想看，動作可以包含哪些？
只要是正在做的事都算喔！

自己的表現 ☺ ☺ ☹
觀察者評語 ☺ ☺ ☹

語句搜尋

今天是　　月　　日，我玩了這個遊戲。

語句搜尋遊戲 10

請依照搜尋密碼，在仔細閱讀例句後，圈出例句中的關鍵詞。
同時在題目中勾選出符合例句文意的選項。

搜尋密碼：動作

例句：星期日下午，我的肚子突然痛了起來，一直想嘔吐，還有發燒的現象；傍晚，換右下腹痛了，痛到我差點在地上打滾。爸媽趕緊載我到醫院掛急診，醫生檢查後才發現原來是急性盲腸炎。

題目：請找出符合上述文句意義的選項
　　①（　　）我肚子痛時，都會在地上打滾。
　　②（　　）因為急性盲腸炎，導致我的肚子一直痛。
　　③（　　）得盲腸炎的人都會在地上打滾。
　　④（　　）急性盲腸炎的症狀可能是發燒、嘔吐和肚子痛。
　　⑤（　　）只要是在地上不停打滾，就一定是得了盲腸炎。

 仔細想想看，動作可以包含哪些？只要是正在做的事都算喔！

自己的表現 ☺ ☹ ☹
觀察者評語 ☺ ☹ ☹

語句搜尋

語句搜尋遊戲 11

請依照搜尋密碼，在仔細閱讀例句後，圈出例句中的關鍵詞。
同時在題目中勾選出符合例句文意的選項。

搜尋密碼：動作

例句：有許多無名英雄，在崗位上默默付出，他們默默的奉獻與工
作。有些在農田裡耕種，或是出海灑網捕魚；有些在太陽下
修橋鋪路，或是爬上電線杆維修；有些在路口指揮交通，或
是進入火場滅火。

題目：請找出符合上述文句意義的選項
　　　① （　　）無名英雄喜歡自己躲在崗位上做事。
　　　② （　　）無名英雄總是默默的為大家辛苦的付出。
　　　③ （　　）「在太陽下修橋鋪路」指的是工人。
　　　④ （　　）「進入火場滅火」指的是特技演員。
　　　⑤ （　　）「有些在路口指揮交通」指的是交通警察。

仔細想想看，動作可以包含哪些？
只要是正在做的事都算喔！

自己的表現 ☺ ☺ ☹
觀察者評語 ☺ ☺ ☹

語句搜尋

語句搜尋遊戲 12

請依照搜尋密碼，在仔細閱讀例句後，圈出例句中的關鍵詞。
同時在題目中勾選出符合例句文意的選項。

搜尋密碼：地點

例句：史懷哲出生於德國，他將一生都奉獻給非洲。第一次世界大
　　　戰時，還被敵軍關進法國的戰俘營，一度身染重病，但他還
　　　是念念不忘他的病人，等戰爭結束後，又回到藍巴倫繼續他
　　　的醫療工作。

題目：請找出符合上述文句意義的選項
　　　① （　　）史懷哲將一生奉獻給世界大戰，還被關進戰俘營。
　　　② （　　）史懷哲曾經在出生時身染重病。
　　　③ （　　）史懷哲是非洲人，在戰爭結束後回到藍巴倫醫病。
　　　④ （　　）史懷哲在生病時，仍然不忘記自己的工作職責。
　　　⑤ （　　）史懷哲一生都待在非洲，並經歷過世界大戰。

仔細想想看，地點可以包含哪些？
只要是待過的地方都算喔！

自己的表現 ☺ ☺ ☹
觀察者評語 ☺ ☺ ☹

語句搜尋

語句搜尋遊戲 13

請依照搜尋密碼，在仔細閱讀例句後，圈出例句中的關鍵詞。
同時在題目中勾選出符合例句文意的選項。

搜尋密碼：生物

例句：溪谷是一個充滿生命的天地。溪鳥是這裡的統治者，只要是水裡的魚、蝦、青蛙，水面上的蚊子或蟲子，都是他們的食物。也許是因為溪谷空間狹小，溪鳥總是獨來獨往，過著離群索居的生活。

題目：請找出符合上述文句意義的選項
　　①（　　）溪鳥統治著獨立的溪谷，保護裡面的小生物。
　　②（　　）溪鳥會捕食溪谷裡的魚、蝦、青蛙和蚊蟲。
　　③（　　）因為溪谷狹小，溪鳥總是聚集在一起。
　　④（　　）溪鳥喜歡獨自生活，不喜歡群居。
　　⑤（　　）溪鳥時常和別的鳥類爭食吵架，所以互不來往。

仔細想想看，生物可以包含哪些？
昆蟲也算是喔！

自己的表現	☺	☺	☹
觀察者評語	☺	☺	☹

語句搜尋

語句搜尋遊戲 14

請依照搜尋密碼，在仔細閱讀例句後，圈出例句中的關鍵詞。
同時在題目中勾選出符合例句文意的選項。

搜尋密碼：動作

例句：傍晚的夕陽，灑下金色光芒。風由河面吹來，捲起一道道波浪；白色的蘆花，像巨浪般在風中滾動。池塘的水鴨，在餘暉下游回巢中。在寺廟傳來的鐘聲裡，一切顯得更為寧靜。

題目：請找出符合上述文句意義的選項
　　①（　　）「灑下金色光芒」指的是夕陽的光輝。
　　②（　　）蘆花經過海浪的帶動，形成巨浪。
　　③（　　）水鴨到晚上就會飛走了。
　　④（　　）傍晚時寺廟的鐘聲聽起來很清楚。
　　⑤（　　）因為風向河面吹去，所以激起許多的波浪。

語句搜尋

仔細想想看，動作可以包含哪些？
會動的現象都算喔！

自己的表現 ☺ ☹ ☹
觀察者評語 ☺ ☹ ☹

今天是　　月　　日，我玩了這個遊戲。

語句搜尋遊戲 15

請依照搜尋密碼，在仔細閱讀例句後，圈出例句中的關鍵詞。
同時在題目中勾選出符合例句文意的選項。

搜尋密碼：時間

> 例句：人生的際遇無時無刻都在改變，任何一個時間點都可能是一
> 生的轉捩點。童年時期，我是懵懂無知的，一切聽天由命；
> 求學時期，我感到憂鬱徬徨，不知道未來在哪裡；成年後，
> 我決定尋找自己的方向，積極改變自己。

題目：請找出符合上述文句意義的選項
　　①（　　）生命是一直在改變的，所以我們對生命無須在意。
　　②（　　）童年的我只能隨著命運自然發展。
　　③（　　）求學時期我得到憂鬱症，十分苦悶。
　　④（　　）成年時的我性格大變，和以前完全不同。
　　⑤（　　）成年後我開始思考與計畫未來的方向和人生。

仔細想想看，時間可以包含哪些？
只要是人生的階段都算喔！

自己的表現 ☺ ☺ ☹
觀察者評語 ☺ ☺ ☹

語句搜尋

語句搜尋遊戲 16

請依照搜尋密碼，在仔細閱讀例句後，圈出例句中的關鍵詞。
同時在題目中勾選出符合例句文意的選項。

搜尋密碼：動作

例句：雪是純潔而輕盈的。記憶中，第一次看見雪是在小學一年
　　　級，它出現在一張耶誕卡片上。印在卡片上的雪花，像一群
　　　小白蝶，在銀白色的屋頂上，輕盈的飄啊飄，就是那張卡片
　　　上的圖畫，讓我對雪有了美麗的第一印象。

題目：請找出符合上述文句意義的選項
　　①（　　）第一次看見雪是在一張耶誕卡片上。
　　②（　　）第一次看見雪時，雪和小白蝶一起在天空飄著。
　　③（　　）第一次看見雪，是在戶外的銀白色屋頂上。
　　④（　　）小學一年級時下了一場雪，屋頂覆蓋著銀白色的雪。
　　⑤（　　）對雪的第一印象是在小學一年級時。

仔細想想看，動作可以包含哪些？
只要是活動都算喔！

自己的表現 ☺ ☺ ☹
觀察者評語 ☺ ☺ ☹

語句搜尋

今天是 ＿＿月 ＿＿日，我玩了這個遊戲。

幾何變化放大遊戲 1

假設你有一個神奇放大鏡，請依照左邊灰色圖形的樣子，放大後畫在右邊的空白格子中。

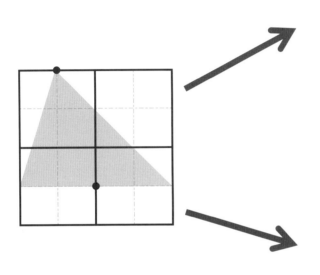

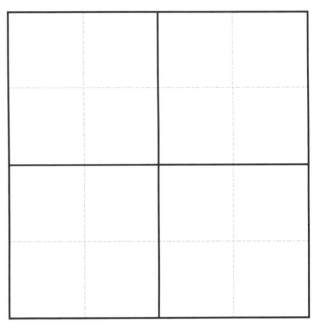

提示：
1. 先標示出黑色定位點。
2. 慢慢做，不要急。
3. 做完再檢查一下。

自己的表現 ☺ ☺ ☹
觀察者評語 ☺ ☺ ☹

幾何變化放大遊戲 2

假設你有一個神奇放大鏡，請依照左邊灰色圖形的樣子，放大後畫在右邊的空白格子中。

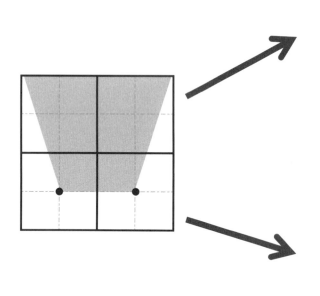
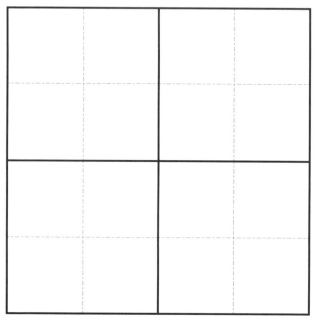

幾何變化A

提示：
1. 先標示出黑色定位點。
2. 慢慢做，不要急。
3. 做完再檢查一下。

自己的表現 ☺ ☺ ☹
觀察者評語 ☺ ☺ ☹

今天是 ___ 月 ___ 日，我玩了這個遊戲。

幾何變化放大遊戲 3

假設你有一個神奇放大鏡，請依照左邊灰色圖形的樣子，放大後畫在右邊的空白格子中。

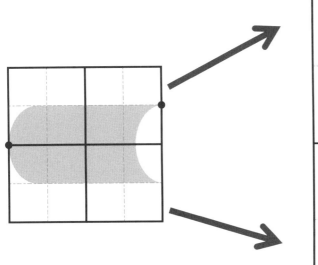

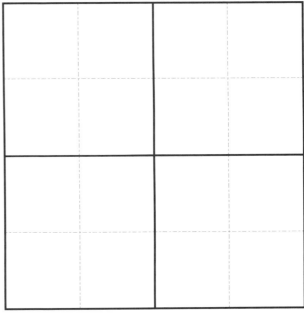

提示：
1. 先標示出黑色定位點。
2. 慢慢做，不要急。
3. 做完再檢查一下。

自己的表現 ☺ ☺ ☹
觀察者評語 ☺ ☺ ☹

幾何變化A

幾何變化放大遊戲 **4**

假設你有一個神奇放大鏡，請依照左邊灰色圖形的樣子，放大後畫在右邊的空白格子中。

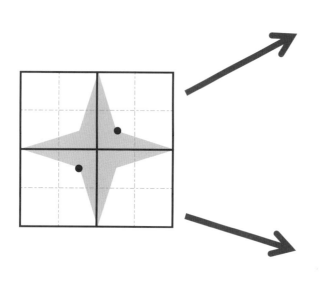
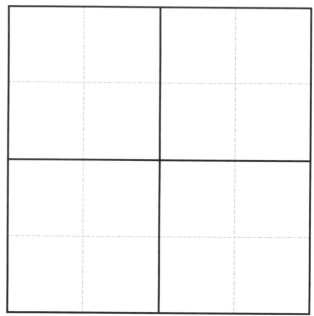

提示：
1. 先標示出黑色定位點。
2. 慢慢做，不要急。
3. 做完再檢查一下。

自己的表現 ☺ ☻ ☹
觀察者評語 ☺ ☻ ☹

幾何變化A

幾何變化放大遊戲 5

假設你有一個神奇放大鏡，請依照左邊灰色圖形的樣子，放大後畫在右邊的空白格子中。

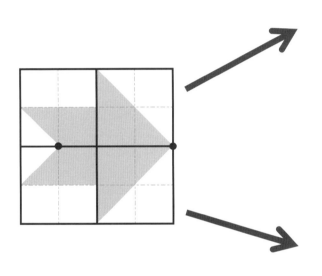

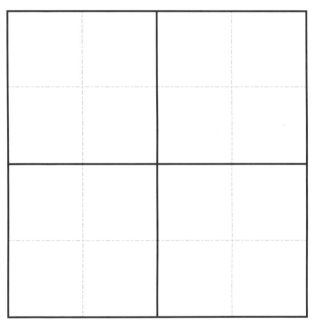

提示：
1. 先標示出黑色定位點。
2. 慢慢做，不要急。
3. 做完再檢查一下。

自己的表現 ☺ ☹ ☹
觀察者評語 ☺ ☹ ☹

幾何變化 A

幾何變化放大遊戲 6

假設你有一個神奇放大鏡，請依照左邊灰色圖形的樣子，放大後畫在右邊的空白格子中。

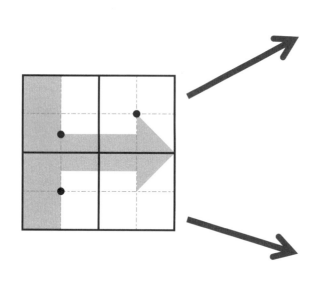

幾何變化A

提示：
1. 先標示出黑色定位點。
2. 慢慢做，不要急。
3. 做完再檢查一下。

自己的表現 ☺ ☺ ☹
觀察者評語 ☺ ☺ ☹

幾何變化放大遊戲 7

假設你有一個神奇放大鏡，請依照左邊灰色圖形的樣子，放大後畫在右邊的空白格子中。

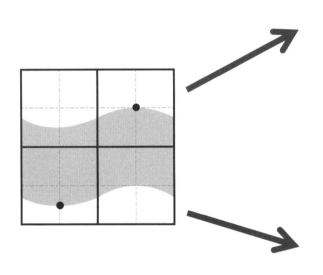

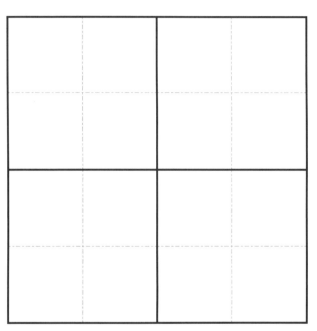

提示：
1. 先標示出黑色定位點。
2. 慢慢做，不要急。
3. 做完再檢查一下。

自己的表現 ☺ ☺ ☹
觀察者評語 ☺ ☺ ☹

幾何變化A

幾何變化放大遊戲 8

假設你有一個神奇放大鏡，請依照左邊灰色圖形的樣子，放大後畫在右邊的空白格子中。

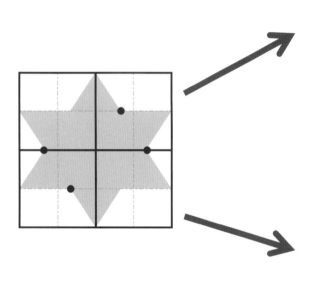

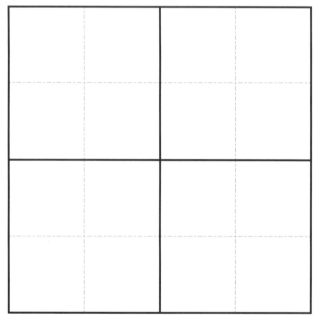

提示：
1. 先標示出黑色定位點。
2. 慢慢做，不要急。
3. 做完再檢查一下。

幾何變化A

| 自己的表現 ☺ ☺ ☹ |
| 觀察者評語 ☺ ☺ ☹ |

幾何變化放大遊戲 9

假設你有一個神奇放大鏡，請依照左邊灰色圖形的樣子，放大後畫在右邊的空白格子中。

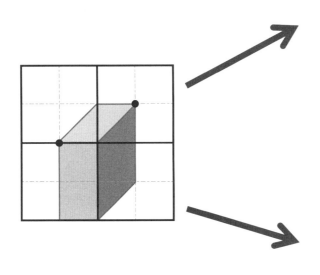

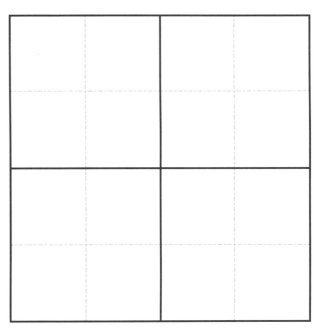

提示：
1. 先標示出黑色定位點。
2. 慢慢做，不要急。
3. 做完再檢查一下。

自己的表現 ☺ ☺ ☹
觀察者評語 ☺ ☺ ☹

幾何變化 A

幾何變化放大遊戲 10

假設你有一個神奇放大鏡，請依照左邊灰色圖形的樣子，放大後畫在右邊的空白格子中。

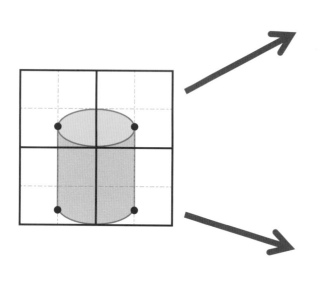

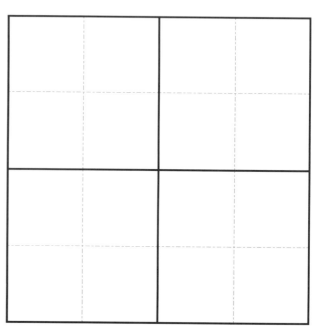

幾何變化A

提示：
1. 先標示出黑色定位點。
2. 慢慢做，不要急。
3. 做完再檢查一下。

自己的表現 ☺ ☺ ☹
觀察者評語 ☺ ☺ ☹

今天是　　月　　日，我玩了這個遊戲。

幾何變化縮小遊戲 1

假設你有一個神奇縮小鏡，請依照左邊灰色圖形的樣子，縮小後畫在右邊的空白格子中。

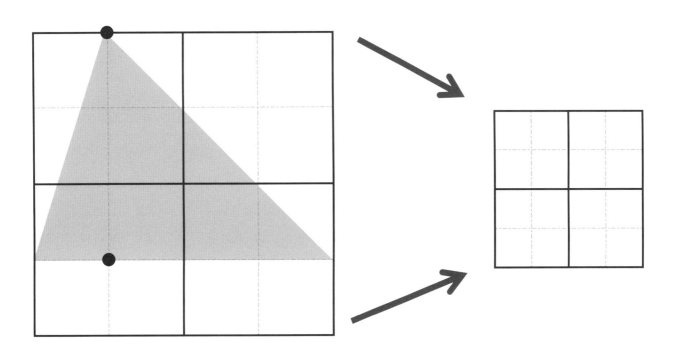

提示：
1. 先標示出黑色定位點。
2. 慢慢做，不要急。
3. 做完再檢查一下。

自己的表現 ☺ ☹ ☹
觀察者評語 ☺ ☹ ☹

幾何變化 B

幾何變化縮小遊戲 2

假設你有一個神奇縮小鏡，請依照左邊灰色圖形的樣子，縮小後畫在右邊的空白格子中。

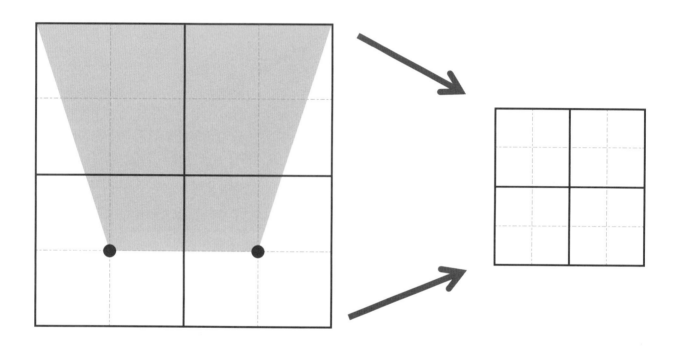

提示：
1. 先標示出黑色定位點。
2. 慢慢做，不要急。
3. 做完再檢查一下。

自己的表現 ☺ ☺ ☹
觀察者評語 ☺ ☺ ☹

幾何變化 B

今天是　　月　　日，我玩了這個遊戲。

幾何變化縮小遊戲 3

假設你有一個神奇縮小鏡，請依照左邊灰色圖形的樣子，縮小後畫在右邊的空白格子中。

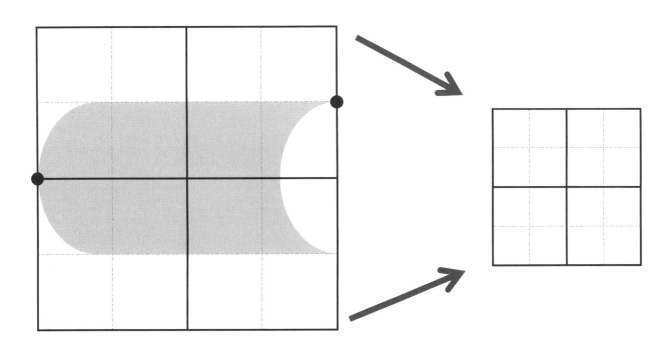

提示：
1. 先標示出黑色定位點。
2. 慢慢做，不要急。
3. 做完再檢查一下。

自己的表現 ☺ ☺ ☹
觀察者評語 ☺ ☺ ☹

幾何變化 B

幾何變化縮小遊戲 4

假設你有一個神奇縮小鏡，請依照左邊灰色圖形的樣子，縮小後畫在右邊的空白格子中。

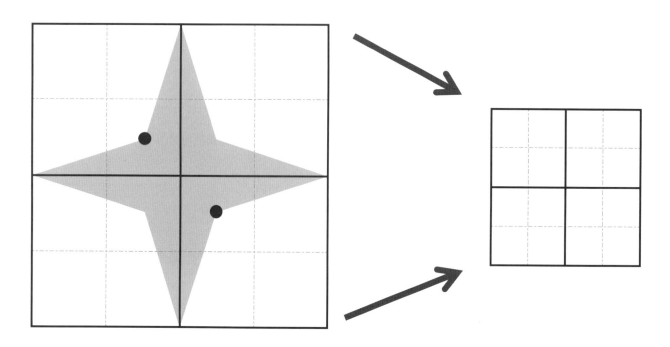

幾何變化B

提示：
1. 先標示出黑色定位點。
2. 慢慢做，不要急。
3. 做完再檢查一下。

自己的表現 ☺ ☺ ☹
觀察者評語 ☺ ☺ ☹

幾何變化縮小遊戲 5

假設你有一個神奇縮小鏡，請依照左邊灰色圖形的樣子，縮小後畫在右邊的空白格子中。

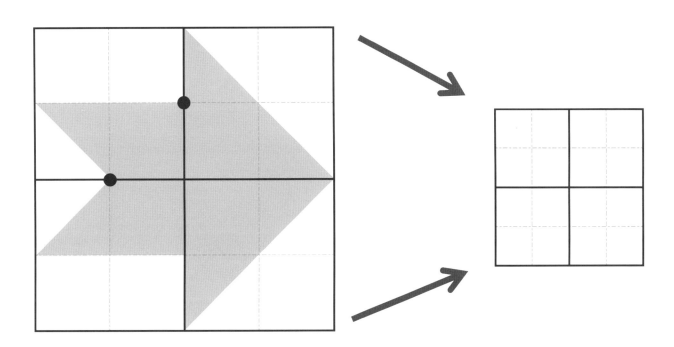

提示：
1. 先標示出黑色定位點。
2. 慢慢做，不要急。
3. 做完再檢查一下。

自己的表現 ☺ ☺ ☹
觀察者評語 ☺ ☺ ☹

幾何變化 B

幾何變化縮小遊戲 6

假設你有一個神奇縮小鏡，請依照左邊灰色圖形的樣子，縮小後畫在右邊的空白格子中。

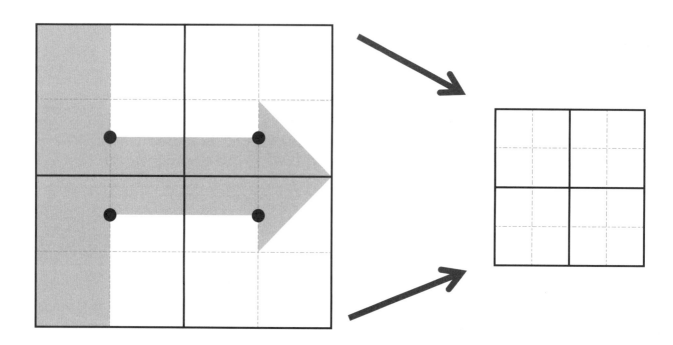

幾何變化 B

提示：
1. 先標示出黑色定位點。
2. 慢慢做，不要急。
3. 做完再檢查一下。

自己的表現 ☺ ☺ ☹
觀察者評語 ☺ ☺ ☹

幾何變化縮小遊戲 7

假設你有一個神奇縮小鏡，請依照左邊灰色圖形的樣子，縮小後畫在右邊的空白格子中。

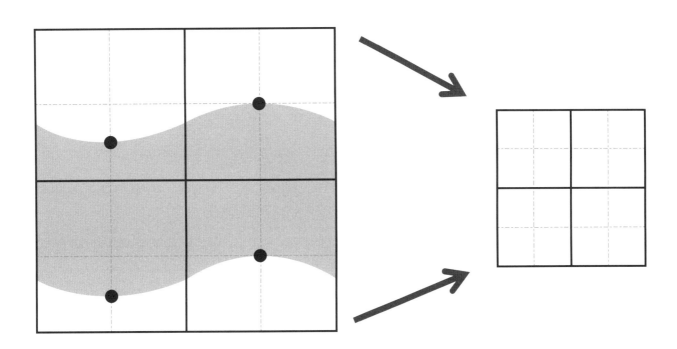

提示：
1. 先標示出黑色定位點。
2. 慢慢做，不要急。
3. 做完再檢查一下。

自己的表現 ☺ ☺ ☹
觀察者評語 ☺ ☺ ☹

幾何變化 B

幾何變化縮小遊戲 8

假設你有一個神奇縮小鏡，請依照左邊灰色圖形的樣子，縮小後畫在右邊的空白格子中。

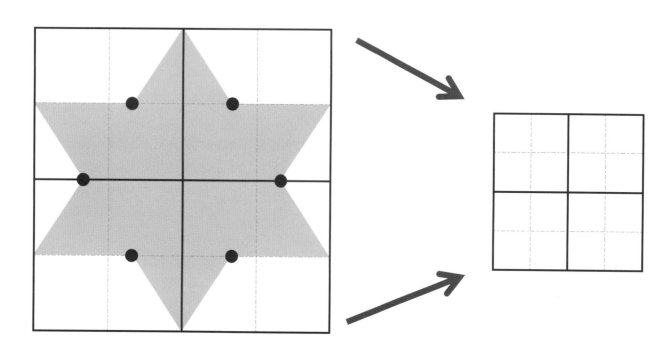

提示：
1. 先標示出黑色定位點。
2. 慢慢做，不要急。
3. 做完再檢查一下。

自己的表現 ☺ ☺ ☹
觀察者評語 ☺ ☺ ☹

幾何變化 B

幾何變化縮小遊戲 9

假設你有一個神奇縮小鏡，請依照左邊灰色圖形的樣子，縮小後畫在右邊的空白格子中。

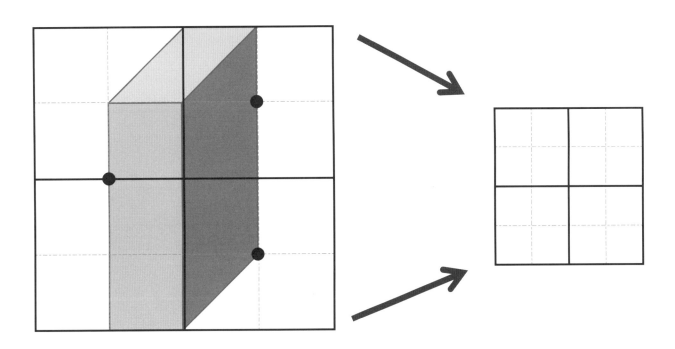

提示：
1. 先標示出黑色定位點。
2. 慢慢做，不要急。
3. 做完再檢查一下。

自己的表現 ☺ ☺ ☹
觀察者評語 ☺ ☺ ☹

幾何變化 B

幾何變化縮小遊戲 10

假設你有一個神奇縮小鏡，請依照左邊灰色圖形的樣子，縮小後畫在右邊的空白格子中。

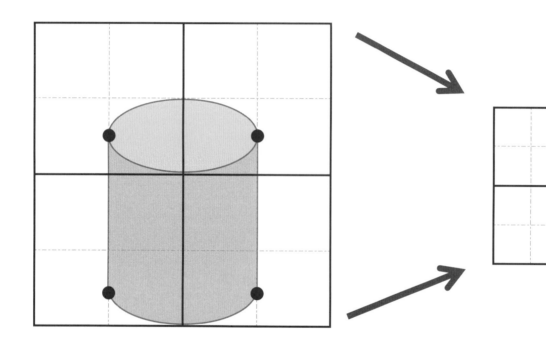

 提示：
1. 先標示出黑色定位點。
2. 慢慢做，不要急。
3. 做完再檢查一下。

自己的表現 ☺ ☺ ☹
觀察者評語 ☺ ☺ ☹

 幾何變化 B

參 動作訓練教材

今天是　　月　　日，我玩了這個遊戲。

動作訓練遊戲 1

請遵照下面的圖片進行動作或姿勢模仿，盡可能和圖片中的動作姿勢相同，記住要有家長或老師在旁邊才可以進行喔！

 暖身動作

提示：
1. 每個動作完成 4 個 4 拍。
2. 慢慢做，不要急。
3. 覺得不適請立即反映。

自己的表現 ☺ ☺ ☹
觀察者評語 ☺ ☺ ☹

今天是　　月　　日，我玩了這個遊戲。

動作訓練遊戲 2

請遵照下面的圖片進行動作或姿勢模仿，盡可能和圖片中的動作姿勢相同，記住要有家長或老師在旁邊才可以進行喔！

 暖身動作

提示：
1. 每個動作完成 4 個 4 拍。
2. 慢慢做，不要急。
3. 覺得不適請立即反映。

自己的表現 ☺ ☺ ☹
觀察者評語 ☺ ☺ ☹

今天是　　月　　日，我玩了這個遊戲。

動作訓練遊戲 3

請遵照下面的圖片進行動作或姿勢模仿，盡可能和圖片中的動作姿勢相同，記住要有家長或老師在旁邊才可以進行喔！

 伸展動作

預備動作　　　　　　　　　　　　　　　完成動作

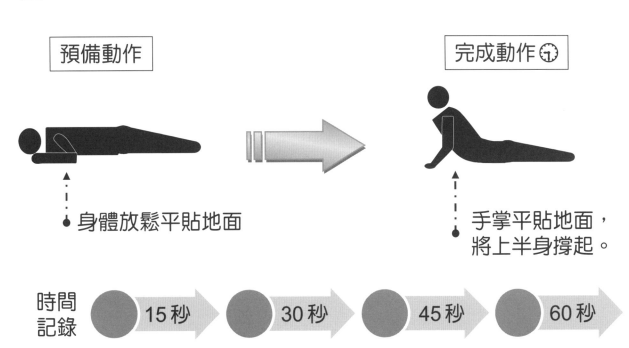

身體放鬆平貼地面　　　　　　　　　手掌平貼地面，將上半身撐起。

時間記錄　15秒　30秒　45秒　60秒

提示：
1. 每個動作完成 4 個循環。
2. 慢慢做，不要急。
3. 覺得不適請立即反映。

自己的表現 ☺ ☺ ☹
觀察者評語 ☺ ☺ ☹

今天是　　月　　日，我玩了這個遊戲。

動作訓練遊戲 4

請遵照下面的圖片進行動作或姿勢模仿，盡可能和圖片中的動作姿勢相同，記住要有家長或老師在旁邊才可以進行喔！

 伸展動作

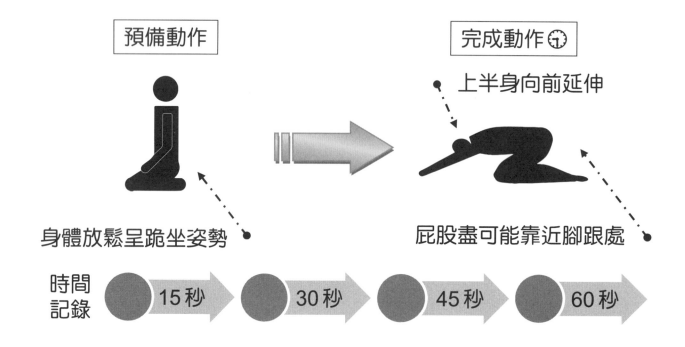

預備動作

完成動作①

上半身向前延伸

身體放鬆呈跪坐姿勢

屁股盡可能靠近腳跟處

時間記錄　15秒　30秒　45秒　60秒

提示：
1. 每個動作完成 4 個循環。
2. 慢慢做，不要急。
3. 覺得不適請立即反映。

自己的表現 ☺ ☺ ☹
觀察者評語 ☺ ☺ ☹

今天是　　月　　日，我玩了這個遊戲。

動作訓練遊戲 5

請遵照下面的圖片進行動作或姿勢模仿，盡可能和圖片中的動作姿勢相同，記住要有家長或老師在旁邊才可以進行喔！

 核心動作

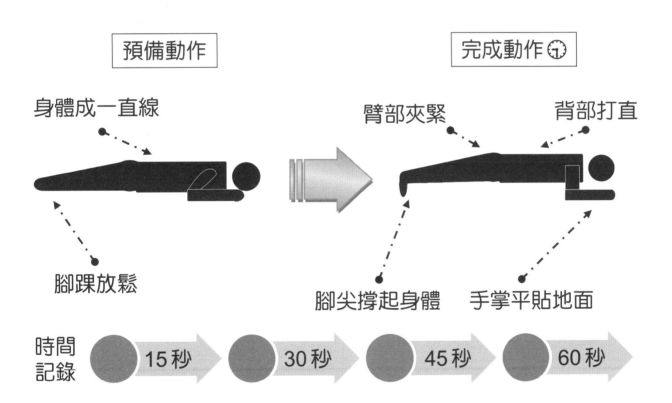

預備動作		完成動作
身體成一直線		臂部夾緊　　背部打直
腳踝放鬆		腳尖撐起身體　　手掌平貼地面

時間記錄　15秒　30秒　45秒　60秒

提示：
1. 每個動作完成 4 個循環。
2. 慢慢做，不要急。
3. 覺得不適請立即反映。

自己的表現 ☺ ☺ ☹
觀察者評語 ☺ ☺ ☹

今天是　　月　　日，我玩了這個遊戲。

動作訓練遊戲 6

請遵照下面的圖片進行動作或姿勢模仿，盡可能和圖片中的動作姿勢相同，記住要有家長或老師在旁邊才可以進行喔！

 核心動作

預備動作　　　　　　　　　　　　完成動作 🕐

保持臀部穩定　　　　　　　　　保持肩膀穩定

　　　　　　　　　　　　　　　雙腳保持靠攏

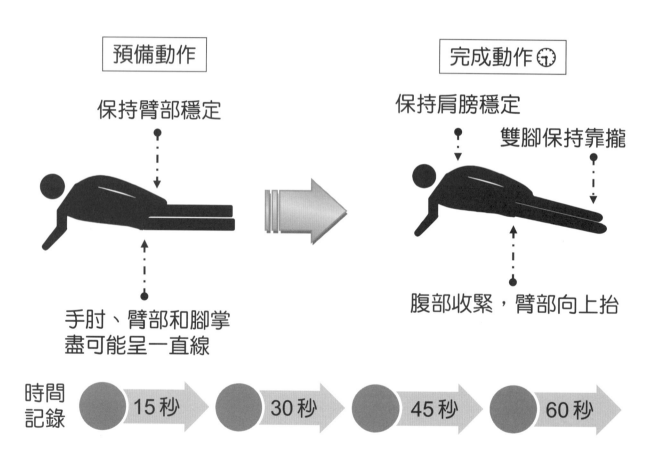

手肘、臀部和腳掌
盡可能呈一直線　　　　　　腹部收緊，臀部向上抬

時間
記錄　　●　15秒　　●　30秒　　●　45秒　　●　60秒

提示：
1. 每個動作完成 4 個循環。
2. 慢慢做，不要急。
3. 覺得不適請立即反映。

自己的表現 ☺ ☺ ☹
觀察者評語 ☺ ☺ ☹

今天是　　月　　日，我玩了這個遊戲。

動作訓練遊戲 7

請遵照下面的圖片進行動作或姿勢模仿，盡可能和圖片中的動作姿勢相同，記住要有家長或老師在旁邊才可以進行喔！

 核心動作

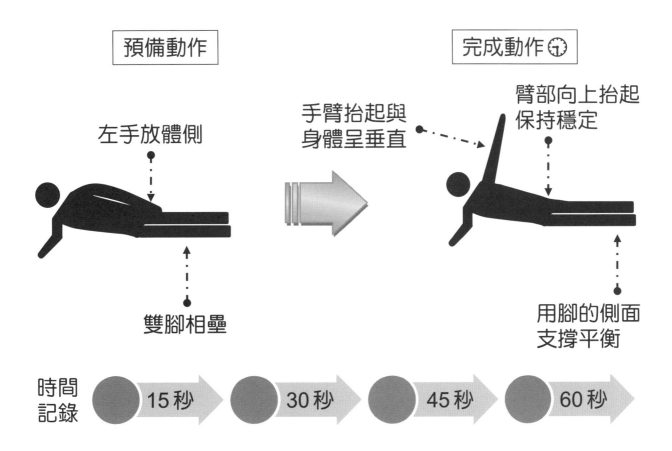

預備動作

完成動作①

左手放體側

手臂抬起與
身體呈垂直

臂部向上抬起
保持穩定

雙腳相疊

用腳的側面
支撐平衡

時間
記錄　15秒　30秒　45秒　60秒

提示：
1. 每個動作完成 4 個循環。
2. 慢慢做，不要急。
3. 覺得不適請立即反映。

自己的表現 ☺ ☺ ☹
觀察者評語 ☺ ☺ ☹

今天是　　月　　日，我玩了這個遊戲。

動作訓練遊戲 8

請遵照下面的圖片進行動作或姿勢模仿，盡可能和圖片中的動作姿勢相同，記住要有家長或老師在旁邊才可以進行喔！

 核心動作

預備動作

完成動作①

膝蓋與肩膀成一直線

放鬆仰躺
雙腳打開與骨盆同寬

臀部向上抬

時間記錄　15秒　30秒　45秒　60秒

提示：
1. 每個動作完成 4 個循環。
2. 慢慢做，不要急。
3. 覺得不適請立即反映。

自己的表現 ☺ ☻ ☹
觀察者評語 ☺ ☻ ☹

今天是　　月　　日，我玩了這個遊戲。

動作訓練遊戲 9

請遵照下面的圖片進行動作或姿勢模仿，盡可能和圖片中的動作姿勢相同，記住要有家長或老師在旁邊才可以進行喔！

核心動作

預備動作　　　　　　　　　　　完成動作①

跪趴在地板上　　　　　　　　　單腳膝蓋彎曲呈90
背部打直　　　　　　　　　　　度，向上抬，
　　　　　　　　　　　　　　　左右交互進行

時間
記錄　　15秒　　30秒　　45秒　　60秒

提示：
1. 每個動作完成 4 個循環。
2. 慢慢做，不要急。
3. 覺得不適請立即反映。

自己的表現 ☺ ☺ ☹
觀察者評語 ☺ ☺ ☹

今天是　　月　　日，我玩了這個遊戲。

動作訓練遊戲 10

請遵照下面的圖片進行動作或姿勢模仿，盡可能和圖片中的動作姿勢相同，記住要有家長或老師在旁邊才可以進行喔！

 核心動作

預備動作	完成動作①	預備動作

雙手平舉　　　　　挺胸，背打直，腹部收緊

雙腳打開與肩同寬　臀部盡可能向後坐　起身時臀部先起動
膝蓋和腳尖朝前　　膝蓋順勢彎曲　　　帶動膝蓋站起來

次數
記錄  3下 5下 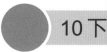 10下 15下

提示：
1. 每個動作至少持續 1 秒。
2. 慢慢做，不要急。
3. 覺得不適請立即反映。

自己的表現 ☺ ☺ ☹
觀察者評語 ☺ ☺ ☹

今天是 ___ 月 ___ 日，我玩了這個遊戲。

動作訓練遊戲 11

請遵照下面的圖片進行動作或姿勢模仿，盡可能和圖片中的動作姿勢相同，記住要有家長或老師在旁邊才可以進行喔！

 核心動作

| 預備動作 | 完成動作 ① | 預備動作 |

挺胸，背打直，腹部收緊

雙手叉腰

  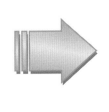 

雙腳打開與髖部同寬，膝蓋和腳尖朝前

一隻腳向前跨，順勢向下蹲，前腳膝蓋呈 90 度，骨盆朝前

起身時，用前腳的力量向下踩，順勢帶起身體

次數記錄

 3 下 5 下  10 下 15 下

提示：
1. 每個動作至少持續 1 秒。
2. 慢慢做，不要急。
3. 覺得不適請立即反映。

自己的表現 ☺ ☺ ☹
觀察者評語 ☺ ☺ ☹

今天是　　月　　日，我玩了這個遊戲。

動作訓練遊戲 12

請遵照下面的圖片進行動作或姿勢模仿，盡可能和圖片中的動作姿勢相同，記住要有家長或老師在旁邊才可以進行喔！

 核心動作

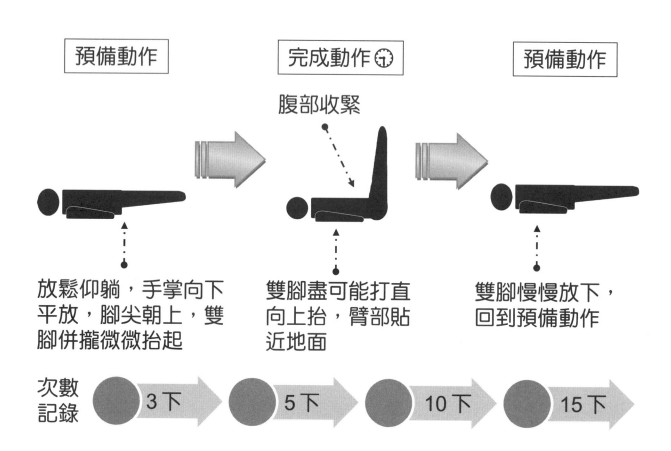

預備動作	完成動作①	預備動作
	腹部收緊	
放鬆仰躺，手掌向下平放，腳尖朝上，雙腳併攏微微抬起	雙腳盡可能打直向上抬，臀部貼近地面	雙腳慢慢放下，回到預備動作

次數記錄　●　3下　→　●　5下　→　●　10下　→　●　15下

提示：
1. 每個動作至少持續 1 秒。
2. 慢慢做，不要急。
3. 覺得不適請立即反映。

| 自己的表現 ☺ ☻ ☹ |
| 觀察者評語 ☺ ☻ ☹ |

肆

輔助訓練教材

約定書

📖 我是_____，我和老師約定在_____見面，
時間是___月___日___點。

📖 見面時，_____會完成指定的練
習作業。一開始會先討論如何完成練
習，並且由老師做示範與講解。

📖 _____將會在練習時學到一些技巧，這些技巧
將會幫助自己更有效的學習。

最專心的學生簽名	老師簽名
_____	_____

約定書

📖 我是＿＿＿＿＿＿，我和老師約定在＿＿＿＿＿＿見面，時間是＿＿月＿＿日＿＿點。

📖 ＿＿＿＿＿＿會在練習的過程中聽從老師的指示，並且在完成練習後再檢查一次。

📖 ＿＿＿＿＿＿表現良好，將可以得到分數；若是不聽從指示、干擾別人或隨便亂跑時，分數便會被沒收。集滿 10 格分數時，能向老師兌換獎品。

最專心的學生簽名	老師簽名
＿＿＿＿＿＿＿＿	＿＿＿＿＿＿＿＿

停 止 信 號 卡

📖 先暫停手邊的工作。
📖 安靜坐好，眼睛看老師。
📖 仔細聽老師下一個指示。

停止信號卡

📖先暫停手邊的工作。
📖安靜坐好，眼睛看老師。
📖仔細聽老師下一個指示。

伍

給教師與家長的使用說明

【發展理念】

本遊戲書的主要目的是在訓練兒童的注意力，希望能提升其學習效果，尤其是針對認知或學習功能輕微缺損的身心障礙兒童，能以有系統的注意力訓練方式，有效提升學習時的注意集中幅度。

本遊戲書除了讓學生了解自我教導策略的訓練重點外，教師對教學的呈現、教材的編製和演示，也是訓練中極為重要的過程。本遊戲書在發展過程中，除了考量認知歷程能力的訓練外（例如：注意、理解、推理等），也兼顧學業成就能力（例如：文字、詞彙、幾何、圖像等）的融入。從教育觀點來說，注意力的訓練不應只是單獨的訓練課程，而最好是能融入課堂的學習當中，變成一種特殊需求的策略學習，使認知歷程的注意力訓練，真正能提升學業成就的學習效能。因此，本遊戲書是為了配合筆者於 2014 年所出版的《孩子可以比你想得更專心：談注意力訓練》一書中，有關注意力訓練所編製的相關教材與遊戲；這些教材與遊戲不單只是訓練，而是希望能在訓練過程中，幫助兒童發展出自我指導的注意力策略能力，進而提升學業成就的學習效能。

【教學目標】

1. 幫助孩子更加專注，提升學習時的注意力表現。
2. 提升孩子的訊息處理能力，在面對多工複雜的訊息時，能冷靜思考、沉穩做出正確的反應。

【適用對象】

1. 認知或學習功能輕度缺損，有注意力方面問題的特殊需求學生，例如：學習障礙（Specific Learning Disorder, SLD）、注意力缺陷過動症（Attention-Deficit/Hyper-activity Disorder, ADHD）、輕度智能障礙（Mild Intellectual Disabilities, MID）、自閉症類群（Autism Spectrum Disorder, ASD）等。
2. 具有提升注意力需求的一般兒童。

【教材內容】

本遊戲書包含兩個部分：注意力訓練教材與注意力訓練遊戲。注意力訓練教材分為認知歷程能力與學業成就能力兩個部分，共計十五個單元；注意力訓練遊戲分為初階與進階遊戲，各自包含八項單元名稱相同的遊戲設計，簡單說明如下。

一、認知歷程能力訓練教材

這個部分的重點著重在訊息處理及思考推理的提升，對於認知過程中可能需要的注意力表現進行模擬訓練，內容包含：符號的、空間的、圖像的、幾何的訊息，

分別為下列八個單元：圖畫選擇、完成接續、幾何完成、仿畫圖形、迷宮路徑、搜尋符號、替換符號、排列推理。

二、學業成就能力訓練教材

這個部分的教材則搭配現行的學業課程內容進行訓練，對於學習過程中可能需要的注意力表現進行模擬訓練，內容包含：文字的、詞彙的、語句的、平面或立體圖形的訊息，分別為下列九個單元：圖形對稱、文字變化、文字區辨、書寫速度、語詞歸類、語文圖像概念、語句搜尋、幾何變化 A（放大），以及幾何變化 B（縮小）。

三、動作訓練教材

這個部分的內容配合靜態或動態的動作技能訓練，需要兒童視覺、聽覺、本體覺與專注力的配合，藉由簡單的肢體伸展活動與核心肌群訓練方式，提升專注與注意力，同時亦可搭配職能治療訓練，達到專注與知動協調的效果。此部分實施須有教師或家長在旁協助，不建議由兒童獨自完成。

四、注意力訓練遊戲

注意力訓練遊戲是為了配合教材而設計的活動，讓兒童可以由紙本作業的訓練過程轉移到課堂互動式的活動。教師或家長可以將遊戲中的 PowerPoint 以適合的多媒體（電腦、電子白板、投影機、平版電腦等）方式呈現，讓兒童針對各個遊戲中的訊息─問題進行觀察與反應，以達到提升注意力的效果。

注意力訓練遊戲分為初階與進階兩個部分，各自包含八個單元：圖像記憶反應、圖／數字配對記憶、詞彙聽覺反應、詞彙記憶反應（無關訊息）、幾何記憶反應（相關訊息）、幾何記憶反應（無關訊息）、語句記憶反應（相關訊息）、語句記憶反應（無關訊息）。初階與進階的遊戲內容和訊息之呈現方式各有不同：初階部分採問題─訊息的順序進行，由兒童先了解問題，再由訊息中尋找答案；進階部分則採訊息─問題的順序進行，由兒童先觀察訊息，再呈現問題，並由其回憶訊息，做出指定的反應或答案。

五、輔助訓練教材

本遊戲書的最後部分為輔助訓練教材──約定書和停止信號卡。約定書係提供師生間進行行為契約或是實施獎勵制度時使用，以提升學生在訓練過程中的動機，可在個別訓練課程、團體／小組訓練課程，或進行注意力訓練遊戲時使用；停止信號卡則是為了協助教師或家長在訓練過程中，能讓兒童將注意力重新回到教師或家長身上，或是作為行為秩序管理的信號，建議可於團體訓練課程或注意力訓練遊戲

時使用。

有關本遊戲書之內容分類及架構，請參考下圖：

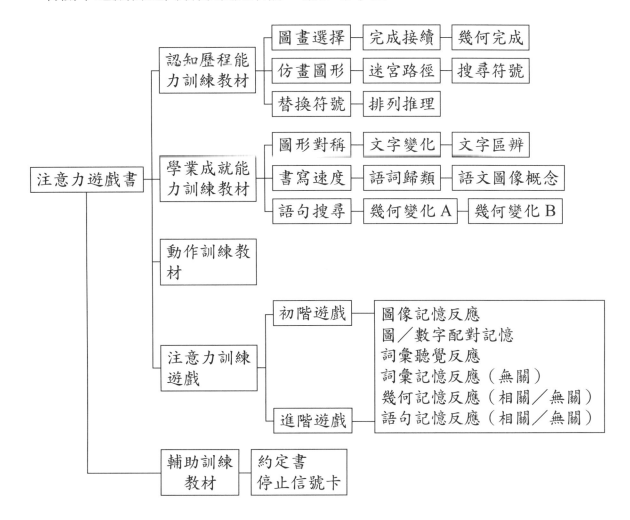

【使用方式】

本遊戲書在使用上可依照不同需求，搭配現行的課綱及特殊需求領域課程大綱之課程目標來進行，可以採用獨立訓練與隨堂訓練兩種方式，分別說明如下。

一、獨立訓練（外加式）

獨立訓練亦即獨立的注意力訓練學習課程，訓練的內容完全是針對注意力。教師或家長可依照兒童的程度選取適合的教材，以做為團體的訓練課程。在使用上，可利用約定書（見輔助訓練教材）的輔助訓練，建立有規則的獎懲制度，幫助兒童培養責任感並遵守課堂規定。為了避免兒童因為重複單調的訓練內容而出現厭煩的情況，教師或家長在使用教材時，可以搭配不同的情境設計或是加入團體遊戲，有助於增加訓練時的趣味性，並提升其學習動機。

二、隨堂訓練（融入式）

　　隨堂訓練亦即配合學科學習的課程使用，在學生學習國語、數學等內容時，融入注意力訓練。在使用上，可在課堂學習之前的五～十分鐘，利用學生在接觸學習材料前，給予注意力訓練，以保持學生在學習時的靈敏度。因此，教師所給予的訓練教材不需太多，主要是讓學生培養出注意力集中的方法，以幫助他們在接下來的學科學習上能更集中精神和注意力，例如：在上「國語」的生字辨識前，可以先練習學業成就能力中的「文字區辨」部分，讓學生練習觀察字的變化；或是在上「數學」的圖形部分時，可以先練習「圖形對稱」的單元，讓學生熟悉空間圖形的概念和分布。

【十二年國民基本教育特殊需求領域：學習策略科目／注意力項目之相關學習表現】

特學 1-E1-1　注意於學習訊息。

1. 區辨環境中訊息的來源管道
2. 區辨環境中的干擾訊息。
3. 忽略環境中的干擾訊息，選擇專注一項學習的焦點，維持一項學習活動的專注狀態。
4. 運用提示系統集中注意力。
5. 依據學習情境具體規範，維持適當的專注時間。
6. 依據指導者的提示，適當的轉移注意力。

特學 1-E2-1　聚焦於學習訊息。

1. 表達出訊息中的重要項目。
2. 發現訊息中的細節差異。
3. 同時接收二種以上不同訊息。
4. 同時區辨不同訊息的重點。
5. 維持適當的專注時間。
6. 預估並維持特定學習項目的專注時間。
7. 自主性的轉移並分配注意力。

特學 1-E3-1　專注於學習內容之訊息。

1. 表達出訊息中的核心項目。
2. 分辨訊息中的細節差異。

3. 同時接收二種以上不同訊息。

4. 同時區辨不同訊息的重點。

5. 自己維持適當的專注時間。

6. 預估並維持特定學習項目的專注時間。

7. 自主性的轉移並分配注意力。

注意力訓練遊戲

「注意力訓練遊戲」紀錄表

★請填寫答案後，再核對第 265 頁的參考答案★

姓名：＿＿＿＿＿＿＿　　　　　完成日期：（　　　）月（　　　）日

初階單元	題號									
	1	2	3	4	5	6	7	8	9	10
1. 圖像記憶反應										
2. 圖／數字配對										
3. 詞彙聽覺										
4. 詞彙記憶（NR）										
5. 幾何記憶（R）										
6. 幾何記憶（NR）										
7. 語句記憶（R）										
8. 語句記憶（NR）										

姓名：＿＿＿＿＿＿＿　　　　　完成日期：（　　　）月（　　　）日

進階單元	題號									
	1	2	3	4	5	6	7	8	9	10
1. 圖像記憶反應										
2. 圖／數字配對										
3. 詞彙聽覺										
4. 詞彙記憶（NR）										
5. 幾何記憶（R）										
6. 幾何記憶（NR）										
7. 語句記憶（R）										
8. 語句記憶（NR）										

「注意力訓練遊戲」紀錄表

★請填寫答案後，再核對第 265 頁的參考答案★

姓名：＿＿＿＿＿＿＿＿＿　　　　　　完成日期：（　　）月（　　）日

初階單元	題號									
	1	2	3	4	5	6	7	8	9	10
1. 圖像記憶反應										
2. 圖／數字配對										
3. 詞彙聽覺										
4. 詞彙記憶（NR）										
5. 幾何記憶（R）										
6. 幾何記憶（NR）										
7. 語句記憶（R）										
8. 語句記憶（NR）										

姓名：＿＿＿＿＿＿＿＿＿　　　　　　完成日期：（　　）月（　　）日

進階單元	題號									
	1	2	3	4	5	6	7	8	9	10
1. 圖像記憶反應										
2. 圖／數字配對										
3. 詞彙聽覺										
4. 詞彙記憶（NR）										
5. 幾何記憶（R）										
6. 幾何記憶（NR）										
7. 語句記憶（R）										
8. 語句記憶（NR）										

「注意力訓練遊戲」紀錄表

★請填寫答案後，再核對第 265 頁的參考答案★

姓名：＿＿＿＿＿＿＿　　　　　　　　完成日期：（　　　）月（　　　）日

初階單元	題號									
	1	2	3	4	5	6	7	8	9	10
1. 圖像記憶反應										
2. 圖／數字配對										
3. 詞彙聽覺										
4. 詞彙記憶（NR）										
5. 幾何記憶（R）										
6. 幾何記憶（NR）										
7. 語句記憶（R）										
8. 語句記憶（NR）										

姓名：＿＿＿＿＿＿＿　　　　　　　　完成日期：（　　　）月（　　　）日

進階單元	題號									
	1	2	3	4	5	6	7	8	9	10
1. 圖像記憶反應										
2. 圖／數字配對										
3. 詞彙聽覺										
4. 詞彙記憶（NR）										
5. 幾何記憶（R）										
6. 幾何記憶（NR）										
7. 語句記憶（R）										
8. 語句記憶（NR）										

「注意力訓練遊戲」紀錄表

★請填寫答案後，再核對第 265 頁的參考答案★

姓名：＿＿＿＿＿＿＿　　　　　　　　完成日期：（　　　）月（　　　）日

初階單元	題號									
	1	2	3	4	5	6	7	8	9	10
1.圖像記憶反應										
2.圖／數字配對										
3.詞彙聽覺										
4.詞彙記憶（NR）										
5.幾何記憶（R）										
6.幾何記憶（NR）										
7.語句記憶（R）										
8.語句記憶（NR）										

姓名：＿＿＿＿＿＿＿　　　　　　　　完成日期：（　　　）月（　　　）日

進階單元	題號									
	1	2	3	4	5	6	7	8	9	10
1.圖像記憶反應										
2.圖／數字配對										
3.詞彙聽覺										
4.詞彙記憶（NR）										
5.幾何記憶（R）										
6.幾何記憶（NR）										
7.語句記憶（R）										
8.語句記憶（NR）										

「注意力訓練遊戲」參考答案

初階單元	參考答案									
	1	2	3	4	5	6	7	8	9	10
1.圖像記憶反應	○	×	○	×	○	×	×	○	×	○
2.圖／數字配對	2	2	2	3	1	3	4	2		
3.詞彙聽覺	5	3	4	2	4	5	5	5		
4.詞彙記憶（NR）	4	2	4	1	2	3				
5.幾何記憶（R）	2	3	3	5	4	4	5	4	3	5
6.幾何記憶（NR）	2	3	2	3	7	8	3	3	13	13
7.語句記憶（R）	星期天	星期一	娃娃鞋小布偶小髮夾小皮包	大樹下	大石頭	聽診器	急性盲腸炎	六種	六種	三個
8.語句記憶（NR）	6	7	4	4	5	5	5	4	5	5

進階單元	參考答案									
	1	2	3	4	5	6	7	8	9	10
1.圖像記憶反應	○	×	○	×	○	×	×	○	○	×
2.圖／數字配對	3	4	1	2	1	2	1	2		
3.詞彙聽覺	4	4	4	3	5	5	6	6		
4.詞彙記憶（NR）	2	1	3	3	3	1				
5.幾何記憶（R）	3	2	1	4	3	3	4	5	4	4
6.幾何記憶（NR）	2	3	2	3	5	4	5	3	5	4
7.語句記憶（R）	媽媽我弟弟	星期一	娃娃鞋小布偶小髮夾小皮包	池塘果園稻田大樹下	牛、羊	胸背腹	肚子痛嘔吐發燒	六種	魚蝦青蛙蚊子蟲子	三個
8.語句記憶（NR）	4	5	5	6	5	5	6	7	6	6

國家圖書館出版品預行編目（CIP）資料

孩子可以比你想得更專心：我的注意力遊戲書
／孟瑛如，簡吟文著. -- 二版. --
新北市：心理，2018.01
面；　公分. --（障礙教育系列；63149）
ISBN 978-986-191-807-5（平裝附光碟片）

1. 學習障礙　2. 注意力　3. 特殊教育

529.69　　　　　　　　　　106024921

障礙教育系列 63149

孩子可以比你想得更專心：我的注意力遊戲書
（第二版）

作　　者：孟瑛如、簡吟文
總 編 輯：林敬堯
發 行 人：洪有義
出 版 者：心理出版社股份有限公司
地　　址：231026 新北市新店區光明街 288 號 7 樓
電　　話：(02) 29150566
傳　　真：(02) 29152928
郵撥帳號：19293172　心理出版社股份有限公司
網　　址：https://www.psy.com.tw
電子信箱：psychoco@ms15.hinet.net
排 版 者：龍虎電腦排版股份有限公司
印 刷 者：龍虎電腦排版股份有限公司
初版一刷：2014 年 8 月
二版一刷：2018 年 1 月
二版二刷：2021 年 8 月
I S B N：978-986-191-807-5
定　　價：新台幣 350 元（含光碟）